AF318891

EXAMEN CRITIQUE

D U

MILITAIRE FRANÇOIS.

Suivi

DES PRINCIPES QUI DOIVENT DÉTERMINER SA CONSTITUTION, SA DISCIPLINE ET SON INSTRUCTION.

Par M. le B. D. B....

SECONDE PARTIE.

TOME TROISIEME.

Dans ces jours de Création
Où tant d'incroyables brochures
Offrent des plans de tout jargon;
Des projets de toutes figures,
Et l'ennui par fouscription;
Dans ce bruyant torrent qui roule
Qu'importe que le tourbillon
Enveloppe, entraîne un chiffon
De plus ou de moins dans la foule.

GRESSET.

G E N E V E.

1781.

(III)

TABLE
DES MATIERES
Du Tome III.

SECONDE PARTIE.

FIN de la Table du Tome III.

ERRATA *du troisieme Volume.*

Page 13. Ligne 22, paſſer: *liſez* poſer.
---- 15. ---- 3, mauvais: *liſez* mauvaiſe.
---- 18. ---- 3, un bridon: *liſez* au bridon.
---- 18. ---- 24, la qualité: *liſez* la quantité.
---- 18 ---- 5, les pouſſer: *liſez* les pouces.
---- 34. ---- 18, voyez la ſection 3. *liſez* voyez la ſol. 3.
---- 34. ---- 27, d'arrêter: *liſez* d'arrêts.
---- 37 ---- 1, de la note) M. de Palvert: *liſez* de Salver.
---- 65. ---- 12 ſoient-elles: *liſez* ſont-elles.
---- 78. écoulé: *liſez* écouté
---- 80. ---- 5, de la note) puiſque: *liſez* puis.
---- 88. ---- 3, de la note) uni: *liſez* mis.
---- 147. ---- 17, ſes lieutenans: *liſez* les lieutenans.
---- 157. ---- 12, monter: *liſez* montrer.
---- 161. ---- 24, ſecondes: *liſez* ſeconds.
---- 167. ---- 12, de devant: *liſez* de dedans.
---- 167. ---- 18, changeront: *liſez* changera.
---- 169. ---- 27, elles ſeront: *liſez* qu'elles ſeront.

EXAMEN CRITIQUE

D U

MILITAIRE FRANÇOIS.

Au combat du Lapithe il faut favoir encore
Unir cet art guerrier qu'inventa le Centaure.

Art de la guerre.

CHAPITRE XII.

Principes pour monter & dreffer les Chevaux de guerre.

C'EST envain que j'ai effayé d'être auffi bref fur cette partie de l'inftruction, que je l'ai été fur celles qui la précédent ; ne demandant qu'une inftruction très-bornée dans le cavalier, j'avois crû pouvoir me réduire au fimple expofé d'une théorie générale ; mais la foule des opinions diverfes s'eft préfentée à moi, & j'ai crû que mon travail ne pourroit avoir d'utilité, qu'autant

Tome III. A

que je combattrois les principes que je défavoue, & que je préviendrois les objections qui pourroient naître de mon sujet.

En effet, je vois partout le schisme & l'ignorance varier nos pratiques à l'infini, & j'entends partout des voix qui s'élèvent pour reprocher à nos écoles le tems qu'elles perdent, & les chevaux qu'elles consomment.

Je n'ai donc pas osé tracer des principes sans preuves ; j'ai voulu les développer, les commenter & les appuyer de démonstrations phisiques & géométriques. C'est le seul moyen d'élever aujourd'hui un système, qui, quoique le plus simple, paroîtra extraordinaire aux yeux de bien des gens, & le seul moyen aussi de prévenir, s'il est possible, les critiques & les plaisanteries de ceux qui rejettent d'avance tout ce qui ne ressemble pas à ce qu'ils connoissent. Telle est la justification que j'apporte sur l'étendue que j'ai donnée à cette partie de mon ouvrage.

Ce qui va suivre est donc destiné, non à être récité servilement dans un manége, à des oreilles qui ne seroient pas en état de l'entendre, mais à servir de théorie dans l'école générale de cavalerie, à instruire des instructeurs, qui ne sauroient être trop savans pour prendre les fonctions de maîtres ; c'est à eux à tout entendre, tout voir, tout comparer, pour se perfectionner dans un art qu'ils doivent communiquer aux autres, parce que le succès de leurs leçons sera toujours proportionné à leurs lumieres.

C'est une erreur, de croire que la théorie suffise pour être maître dans un exercice de corps, il faut avoir pratiqué & senti [1] pour acquérir un tact qu'il faut communiquer.

Ce traité est divisé en deux parties, que renferme l'art de monter à cheval : La premiere comprend la position de l'homme & les fonctions de chacune des parties de son corps ; la seconde renferme la maniere d'éduquer, dresser & conduire le cheval ; tel est le plan ou le canevas d'un ouvrage trop long, sans doute, par la place qu'il occupe ici, mais susceptible encore d'un développement bien plus étendu, si des circonstances particulieres ne me pressoient de le mettre au jour, au risque de revenir à le completter dans des momens plus tranquiles.

Premieres Définitions.

L'art de monter à cheval, est celui qui nous donne & démontre la position que nous devons prendre sur un cheval, pour y être avec le plus de sureté & d'aisance ; qui nous fournit en même tems les moyens de mener & conduire le cheval avec la plus grande facilité, & obtenir de lui par les moyens les plus simples, & en le fatigant le moins possible, l'obéissance la plus exacte & la plus parfaite en tout ce que

---

(1) L'auteur du nouveau Newcastle, assez célebre par les excellens ouvrages qu'il a donnés au public sur l'art vétérinaire, M. Bourgelat, peut servir de preuve que l'esprit n'est pas suffisant pour raisonner sur notre art, & qu'il faut l'avoir long-tems pratiqué avant d'écrire. Son livre n'est qu'une esquisse informe & brillante de l'art de monter à cheval.

la conſtruction & ſes forces peuvent lui permettre.

L'homme de cheval eſt donc celui, qui,
ſolide & aiſé ſur l'animal, a acquis la connoiſſance de ce qu'il peut lui demander, & la pratique des meilleurs moyens pour le ſoumettre
à l'obéiſſance [1].

____

(1) L'auteur de l'Eſſai général de Tactique, en
formant le canevas d'un ouvrage immenſe, s'eſt trouvé
obligé de parler d'une infinité de détails ſur leſquels il
n'avoit pas même des connoiſſances préliminaires ; c'eſt
ce qui a produit ce livre étonnant ſi parfaitement écrit,
rempli de vérités & de préceptes ſi bien exprimés, mais
entremêlés de tant d'erreurs & de fautes. Nous liſons
dans ſon article Cavalerie : ,, Je ne veux point que le
,, cavalier ſoit un homme exercé à manier ſon cheval
,, avec grace & adreſſe, un écuyer ; je veux que ce
,, ſoit un homme robuſte, placé à cheval ainſi qu'il doit
,, l'être rélativement à la ſtructure de ſon corps & à
,, la facilité la plus grande de le gouverner ; mais em-
,, ployant plutôt le poignet, l'éperon & ſon étreinte
,, vigoureuſe que les aides de l'équitation ,, que veut
dire cet aſſemblage de mots ? Quels principes peut-
on en déduire ? Qu'eſt-ce que la poſture d'un homme
relative à la ſtructure de ſon corps ; eſt-ce là tout ce
que M. de G. . . . a à nous propoſer pour remplacer
nos principes ? Qu'entend-il donc par la qualité d'É-
cuyer ? La définition que nous en donnons n'eſt certainement pas la même ; ſelon moi, c'eſt un homme
placé ſolidement à cheval, & le manœuvrant avec la facilité la plus grande par les moyens les plus ſimples. Je
ne vois pas pourquoi on lui préféreroit un homme qui
n'agiroit que par violence & châtiment, & de bonne
foi, j'ai peine à croire que l'auteur confiât ſes chevaux
à ſon écuyer plutôt qu'au mien. Je ne combattrai pas
davantage cette aſſertion de l'auteur de l'Eſſai, qui ſe
trouvera amplement réfutée dans le cours de ce traité.

Le cheval dreſſé, ou mis, eſt celui qui connoit les intentions du cavalier au moindre mouvement, & y répond auſſi-tôt avec juſteſſe, légéreté & force.

Ces deux dernieres définitions détaillées donneront un traité complet de l'art de monter à
cheval.

Pour donner à la premiere partie de ce traité
l'ordre & la véritable ſucceſſion des objets à
traiter, je ſuppoſerai un homme à inſtruire, &
je décrirai les leçons qu'il doit recevoir.

En général, de la poſture de l'homme ſur le cheval.

La poſture de l'homme ſur le cheval doit
être puiſée dans la nature, afin que chaque
partie de ſon corps ſoit dans une attitude aiſée
& qu'aucune ne fatigue. Le cavalier ſera par
conſéquent en état d'être plus long-tems à cheval ſans ſe laſſer, point bien eſſentiel pour un
homme de guerre. L'homme doit être auſſi
placé d'une maniere ſolide, & ſa poſition la
moins génante pour lui doit être auſſi la moins
génante pour le cheval, afin de lui laiſſer toutes les facultés de ſes forces.

La premiere leçon doit ſe donner ſur un
cheval arrêté, afin qu'aucun mouvement ne
s'oppoſe à la théorie, & que l'attention du cavalier ne ſoit nullement détournée [1].

------

(1) Il eſt très-inutile de ſe ſervir de chevaux de
bois, comme cela s'eſt pratiqué aſſez généralement dans
la Cavalerie, parce que rarement ces chevaux ſont

On placera le cavalier fur la felle de maniere que le point d'appui de fon corps foit reparti également fur fes deux feffes, que le milieu de la felle doit partager ; on lui fera fentir le plus fort de l'appui fur les deux os formant la pointe des feffes, dits (tubérofités des os Ifchions), & on le mettra affez en avant fur la felle, pour que fa ceinture foit collée au pommeau.

Son corps fera d'à-plomb fur cette bafe, de maniere que la ligne verticale dans laquelle eft fon centre de gravité, fe trouve paffer par le fommet de la tête, & tomber au milieu de fes feffes.

La pofition de fa tête & de fon col fe trouve déterminée par le paffage de cette verticale.

Le bas des reins doit être un peu plié en avant, afin de faire un arc-boutant, dont nous expliquerons l'utilité par la fuite ; ce pli doit être dans les dernieres vertebres dites [Lombaires] [1], & doit s'opérer fous l'épaiffeur des épaules, afin de ne pas déranger la verti-

---

conftruits à l'imitation des chevaux naturels, & le cavalier ne peut s'y placer de même ; c'eft d'ailleurs avoir recours à des moyens inutiles.

(1) J'ai été obligé d'employer quelques termes anatomiques qui choqueront peut-être mes lecteurs, mais je les prie de faire attention que je ne me les fuis permis que lorfque les mots ufités ne pouvoient rendre mes principes avec la jufteffe & la précifion que l'on doit toujours tâcher d'obferver en écrivant ; fi j'euffe dit en cette occafion *les reins feront un peu pliés*, on auroit pu prendre pour les reins toute la longueur du dos de l'homme, & il m'étoit effentiel d'expliquer que je n'entends parler que des fix dernieres vertébres.

cale, qui, comme nous l'avons dit, doit tomber au milieu des fesses.

Les épaules seront plates par derriere, sans ce qu'on appelle vulgairement les *creufer*.

Les bras tomberont naturellement par leur propre poids, jufqu'à ce qu'on leur donne une occupation au bridon ou à la bride, ce que nous déterminerons.

Les fesses étant bien au milieu de la felle, les cuiffes doivent fe trouver égales, on les tendra & allongera également de chaque côté du cheval, en les abandonnant à leur pefanteur fans les ferrer, relachant au contraire les chairs ou *mufcles* qui les entourent, afin qu'elles puiffent s'applatir par le poids des cuiffes, & leur permettre de porter dans leur partie inférieure.

Les plis des genoux feront abfolument fans force, & on abandonnera les jambes à leur propre pefanteur, afin que leur poids leur faffe prendre leur véritable pofition, qui eft entre l'épaule & le ventre du cheval.

Les ligamens de la jambe avec le pied feront pareillement lâchés, afin qu'ils foient auffi tombans, prefque paralelles entr'eux, & la pointe fe trouvera un peu plus baffe que le talon. [*Le cavalier eft ici fans étriers.*]

Voilà en général la pofture de l'homme fur le cheval, nous allons la détailler partie par partie, en faifant fur chacune les obfervations néceffaires, & nous prendrons pour cet effet l'ordre qui me paroît le plus convenable, qui eft de placer d'abord les parties qui doivent fervir de bafe aux autres.

A iv

DIVISION DU CORPS DE L'HOMME,

EN TROIS PARTIES.

De la partie immobile.

Nous divifons le corps de l'homme en trois parties, favoir, deux parties mobiles, & une partie immobile : Cette derniere fe trouve au milieu des deux autres, & leur fert de point d'appui, c'eft la partie effentielle ; elle prend depuis les hanches jufqu'aux genoux inclufivement ; cette partie doit toujours être liée au cheval, c'eft-à-dire, ne former avec lui qu'un feul & même corps, c'eft ce qui la fait nommer partie immobile.

Je dis que cette partie immobile doit être parfaitement liée au cheval, puifque fans cela la machine entiere, à laquelle elle fert de bafe, n'auroit aucune folidité, car il eft effentiel pour qu'un corps foit folide que fa bafe le foit ; il faut donc trouver le moyen de lier cette partie au cheval ; mais nous n'employerons pas pour cela de force dans les cuiffes, comme bien des gens l'enfeignent, car premiérement la force dans les mufcles les faifant raccourcir, fi l'on ferroit les cuiffes, néceffairement elles remonteroient.

Secondement, les *mufcles* du haut des cuiffes s'arrondiffant au lieu de s'applatir, empêcheroient la partie inférieure de la cuiffe & les genoux de pofer fur la felle.

Troifiémement, il eft impoffible d'employer de la force dans les cuiffes, fans qu'elle fe communique aux jambes, parce que les *muscles* des jambes ont leurs attaches dans les cuisses; il s'en-suit aussi que, toutes les fois que le cavalier employe de la force dans ses cuisses, il se lasse bientôt, & l'on sent combien il est essentiel que le cavalier ne se fatigue point à cheval.

Il est encore bien des raisons qui démontrent la fausseté du principe de serrer les cuisses, nous les verrons par la suite.

Il ne faut pas non plus chercher à contenir les fesses dans la selle, en mettant le corps en arriere, parce que dèslors le poids du corps fait lever les genoux, & par conséquent les jambes se portent en avant, ce que je démon-trerai vicieux à l'article des jambes.

Les partisans du principe dont je veux dé-montrer les inconvéniens, me diront, que ce que j'avance est faux, qu'ils mettent le corps en arriere sans que les genoux lèvent; cela peut être, dirai-je, mais il faut, pour que vos ge-noux ne lèvent pas, que vous souteniez votre corps, qui tombe en arriere, par beaucoup de force dans les reins [*Voyez la Pl. I.*]. Sans cela il fait l'effet d'une puissance A appliquée à un levier, dont le point d'appui D est sur les fesses.

Il est encore un moyen d'empêcher les gé-noux de lever, lorsqu'on est renversé, c'est de les serrer avec beaucoup de force; je n'ai qu'une seule question à faire aux partisans de tels prin-cipes; je leur demanderai s'il est possible de res-ter long-tems à cheval avec beaucoup de force, soit dans les reins, soit dans les genoux, sans être extraordinairement fatigué.

Je réfute également ces moyens pour en proposer un plus simple, dont je ferai voir la suffisance au chapitre de la tenue, & dans la démonstration méchanique qui le suivra.

Ce moyen consiste dans une justesse de position & un accord d'équilibre, qui, sans avoir les inconvéniens des autres méthodes, laisse le cavalier parfaitement à son aise.

Récapitulons d'abord la position exacte des parties qui composent la partie immobile, savoir, des fesses, des hanches, des cuisses & genoux.

Nous avons dit que les fesses devoient être bien au milieu de la selle, & séparées par le milieu du siége, les deux os formant le principal point d'appui : Les *muscles* qui les garnissent étant lâchés, formeront une base d'autant plus large qu'ils s'applatiront davantage : Les deux cuisses envelopperont & embrasseront le cheval avec égalité ; elles faciliteront d'autant plus la tenue, qu'elles embrasseront davantage, & elles embrasseront d'autant plus qu'elles s'approcheront de la perpendiculaire à l'horison.

Il est impossible de fixer le dégré juste d'inclinaison, ou de déterminer l'angle que doit former la ligne de la cuisse avec la verticale du corps, la tension de la cuisse dépendant de sa conformation, de son poids, & particuliérement de la liberté du *fémur dans la cavité cotiloïde :* il vaut donc mieux laisser les commençans les genoux un peu trop en avant, que de les obliger à employer des moyens de force & de contrainte pour jetter leurs cuisses en arriere, ce qui leur feroit nécessairement lever les fesses,

& diminueroit l'appui que le corps doit prendre deſſus; mais, quelle que ſoit la facilité qu'ait
ou qu'acquiere l'homme, il ne doit jamais avoir
la prétention d'arriver à la perpendiculaire,
parce qu'il lui ſeroit impoſſible dans cette attitude d'être aſſis; le véritable principe à donner,
eſt de laiſſer prendre à la cuiſſe la tenſion que
ſa propre peſanteur lui donnera, en en relâchant
tous les ligamens.

Les feſſes poſant bien ſur la ſelle, les cuiſſes
étant bien lâchées poſeront naturellement ſur
leur partie latérale interne, à moins que beaucoup de roideur dans l'attache du fémur ne s'y
oppoſe, auquel cas il faut attendre que l'exercice dénoue & donne du jeu à ces parties, ſans
exiger des efforts de la part des commençans,
en leur donnant le principe mal énoncé de *tour-
nez vos cuiſſes en dedans*, car elles ne doivent
être ni en dedans ni en dehors. Il réſulte des
efforts que l'élève fait pour les tourner, qu'il
roidit les *muſcles*, qui ſe gonflent & empêchent
la pointe des genoux de poſer, ce qui ne peut
arriver que lorſque le haut des cuiſſes, beaucoup
plus gros que le bas, s'applatira.

Les deux hanches ſe trouveront établies perpendiculairement, & ne peuvent varier ſans faire
varier la partie immobile [1].

Toutes ces parties, poſées ſur la ſelle de la
maniere la plus conforme à la nature, la plus

---

(1) Voyez le mouvement circulaire où j'ai démontré
le faux ſens du principe d'avancer la hanche de dehors.
On doit ſeulement avoir attention que la force centrifuge ne la jette pas en arriere.

commode & la moins fatigante pour l'homme, feront contenues dans cette pofition par le concours des deux parties mobiles. Il eft clair que le corps, placé d'à-plomb fur les feffes, agira fur elles avec tout l'effort de fa pefanteur, les chargera le plus poffible, & par conféquent les rendra plus difficiles à lever, car plus elles feront chargées, plus elles s'écraferont & tiendront dans la felle.

Les jambes abandonnées à leur pefanteur feront deux poids égaux, qui, tirant fur les cuiffes, les feront d'autant plus pofer, & les affermiront davantage fur la felle; il s'en fuit donc que plus elles feront lâchées, plus elles tireront, & plus elles tireront, plus elles coopéreront à la folidité de la partie immobile.

C'eft ainfi que, par le moyen des deux parties mobiles, j'affermis l'immobile.

De l'affiette.

Ne confondons point, comme l'ont fait plufieurs auteurs, l'affiette avec la partie immobile; c'eft prendre la partie pour le tout. L'affiette n'eft que les points de cette même partie immobile, c'eft-à-dire, des feffes & des cuiffes qui pofent fur la felle.

On ne peut donc pas augmenter fa partie immobile, mais on peut augmenter fon affiette, en multipliant le nombre des points des feffes & des cuiffes qui pofent fur la felle, & qui font véritablement la bafe des deux parties mobiles. Comment, dira-t-on, les points des cuiffes, qui pofent fur la felle, peuvent-ils fervir de bafe aux

parties immobiles , puifque le corps doit porter entiérement fur les feffes ?

Mais fi l'on fait attention que les jambes
étant bien lâchées tirent fur les cuiffes avec l'effort de leur pefanteur, on s'appercevra bien
que ce poids des jambes tend à faire pofer les
cuiffes fur la felle avec beaucoup plus de force,
& que par conféquent les points des cuiffes , qui
pofent fur la felle, fe trouvent chargés du poids
des jambes : ainfi il eft bien vrai de dire , que
les points des cuiffes & des feffes qui pofent fur
la felle fervent de bafe à la machine , & forment
par conféquent ce que l'on nomme *affiette.*

Plus un corps a de bafe , plus il a de folidité , d'où je conclus que nous pouvons dire ,
que plus un homme a d'affiette , plus il a de
fermeté. Ceci confirme encore ce que j'ai dit
dans l'article précédent, fur le lâché de la partie immobile ; car plus les *mufcles* de cette partie
immobile feront lâchés , plus le poids de la machine les applatira , & plus il les applatira , plus
il en fera pofer de points fur la felle.

Du corps & de fa pofition.

Après avoir vu en général la pofition de l'homme , nous allons reprendre chacune de fes parties en particulier , c'eft-à-dire , chacune des parties qui fervent à compofer les parties mobiles ,
car nous nous fommes affez étendus fur l'immobile.

J'appelle le corps, la partie de l'homme qui
forme le *tronc*, il prend depuis la tête jufqu'aux
hanches.

Nous avons vu dans l'article précédent, qu'en le plaçant verticalement, il servoit à affermir l'assiette & à la contenir dans la selle ; c'est donc une raison pour l'avoir toujours d'à-plomb & perpendiculaire sur les fesses [1], d'ailleurs cette posture lui est naturelle. Tout corps, de quelqu'espèce qu'il soit, auquel on veut donner de la fermeté, on le met toujours d'à-plomb sur sa base, car lorsqu'il en sort, il faut des forces étrangeres pour le soutenir, & l'empêcher de tomber du côté de son inclinaison. [*Voyez la Pl. II. fig. I.*] Si, l'on met le corps CD perpendiculaire sur une base horizontale AB, de sorte que CD forme avec AB deux angles droits, il est clair que le corps CD sera en équilibre. Si au contraire, sur la base AB horizontale, on élève obliquement le corps OD, de sorte que OD forme avec AB deux angles inégaux, il est évident que le corps OD suivra son inclinaison, & tombera sur l'extrèmité B de la base AB, à moins que l'on n'y mette un soutien PQ, que je compare à la force que le cavalier sera obligé de mettre dans ses reins, si son corps est dans la direction OD.

Comme nous avons démontré, & que nous démontrerons encore que toute force à cheval ne vaut rien, cela suffit pour revoquer tout principe qui place le corps autrement que perpendiculaire [2].

______

(1) Bien entendu que c'est la verticale du corps qui doit être perpendiculaire, car le corps de l'homme ne peut jamais être dans une ligne droite.

(2) Il est essentiel pour l'alignement d'une troupe d'avoir une position de corps égale & uniforme ; ceux

$$(\quad 15 \quad)$$

Des prétendues aides du corps.

On peut voir, par ce que je viens de dire, que je regarde comme mauvais toute aide & mouvement de corps; je ne crois pas avoir befoin de démontrer davantage la fauffeté des principes qui les ordonnent : mais je renvoye à la feconde partie, au chapitre des pas de côté, la démonftration de l'inutilité de ces prétendues aides, quand même elles ne feroient pas mauvaifes.

M. Bourgelat a cependant écrit : "Les aides „ du corps contribuent & peuvent même feu- „ les conduire géométriquement à l'union des „ aides de la main & des jambes.", que veut dire *géométriquement* dans cette occafion; M. Bourgelat ne nous a point expliqué le fens de cette phrafe amphigourique, & je défie à qui que ce foit de l'expliquer après lui.

De la tête.

La tête doit être droite, mais fans gêne ni affectation; c'eft un défaut commun à bien des gens de trop chercher à faire mettre la tête en arriere; pour lors, le cavalier contracte une roideur dans le col dont il a peine après à fe defhabituer; il a un air gêné, & par conféquent

---

qui donnent le principe de mettre le haut du corps en arriere, doivent donc déterminer l'angle qu'ils veulent lui faire former avec la ligne horizontale; fans cela, il n'eft point de regle sûre, car il y a cent mille obliques & il n'y a qu'une perpendiculaire.

mauvaife grace ; on ne fauroit trop lui recommander d'avoir de l'aifance dans toutes fes parties, fans laquelle nous démontrerons qu'il ne
peut exifter de juftefie.

Des bras.

Les bras font partie de la machine, ils doivent par conféquent être libres & aifés ; leur
pofition différente peut concourir ou nuire à
l'équilibre du corps ; faifant l'effet d'un balancier, celui qui s'écartera trop du corps le fera
néceffairement pancher de l'autre côté ; il ne
faut pas non plus les ferrer, car toutes & quan-
tes fois on a prétendu les coler au corps, on a
été contre la nature ; non feulement ils doivent
être libres, aifés & lachés comme dépendans
d'un corps dont toutes les parties doivent l'è-
tre, afin de former un équilibre parfait, mais
encore, comme ils ont des fonctions, il faut
qu'ils foient à même de les exécuter avec aifance ; toute action ou fonction qui eft gênée
ne peut produire qu'un effet fans juftefie, ni
précifion ; c'eft pourquoi je veux que les
bras tombent naturellement, & fe placent d'eux-
mêmes.

Il eft des maîtres qui ont été jufqu'à faire
trotter des commençans avec des gaules fous
les bras, pour les accoutumer à avoir les coudes ferrés, prétendant par là leur donner de la
grace ; tout ce que j'en puis dire, c'eft que les
auteurs de ce principe ne connoiffent pas la
fignification du mot de grace, & ne fe dou-
tent pas, qu'en faifant ferrer les coudes, ils donnent

…nent des entraves à une partie qu'ils doivent chercher à faire mouvoir.

D'autres, non moins infenfés, font trotter leurs cavaliers les mains derriere le dos, parce qu'ils prétendent par là accoutumer le commençant à avoir les épaules effacées, & à ne pas fe tenir à la main ; leur bût eft bon, il eft très-effentiel que le commençant apprenne à être droit, & à ne pas fe tenir à la main, mais en lui mettant les mains derriere le dos, on roidit & renverfe les épaules, ce défaut eft très-grand, il fe contracte aifément & ne s'en va pas de même ; on peut habituer le commençant à avoir les épaules plattes par derriere, en le lui recommandant fouvent, & on peut auffi bien l'accoutumer à ne pas fe tenir à la main, ayant les bras devant lui, que placés derriere le dos ; on peut à la rigueur lui faire abandonner de tems en tems les rênes.

Enfin les bras font faits pour manœuvrer & travailler, ils ne peuvent le faire avec jufteffe, s'ils ne font entiérement libres ; ils doivent travailler en entier, & prendre leur point d'appui à l'épaule, fans lui communiquer la moindre force, non plus qu'à aucune partie du corps.

Des mains.

Les mains ont plufieurs fonctions différentes à cheval ; fur le cheval neuf, & qui n'eft pas mis, elles font occupées toutes deux ; mais fur le cheval embouché & dreffé, la gauche eft feule occupée du maniement de la bride, & la droite peut être employée à tout autre ufage,

Tome III.   B

tel que de tenir le fabre, un piftolet, &c. Nous verrons la pofition de la main à la bride, ici, je les fuppofe tenant toutes deux un bridon ; chaque main doit empoigner une rène, les ongles en-deffous, & les poulies fur le plat des rènes, fe regardant, les poignets bas & les bras à demi tendus, s'ils l'étoient tout-à-fait ils feroient roides, & le cheval pourroit d'un coup de tête un peu fort attirer le corps de l'homme en avant, & s'ils étoient trop pliés au coude, lorfque le cavalier auroit befoin de faire des tems d'arrêt, fes bras fe trouveroient gênés dans leur action, & obligés de fe tirer derriere fon corps.

De l'épine du dos & des reins.

L'épine du dos eft compofée de plufieurs vertèbres, rangées les unes fur les autres, & artiftement emboitées, quoique douées de beaucoup de foupleffe ; cette colonne vertèbrale regne tout le long du dos de l'homme, & fert à foutenir fon corps ; elle peut fe mouvoir en tout fens, & principalement dans fon extrêmité inférieure, appelée reins, formés par les vertèbres dites lombaires. Réduifons la qualité des mouvemens dont elle eft fufceptible, & qui font auffi nombreux que les rayons qu'on peut tirer d'un cercle à une circonférence, réduifons-les, dis-je, à quatre principaux ; favoir en avant, en arriere, à-droite, & à-gauche, ce qui occafionne quatre mouvemens du corps ; favoir corps en avant, corps en arriere, corps panché à-droite, corps panché à-gauche.

L'homme à cheval ne doit connoître que ces quatre fonctions des reins ; les deux dernieres ne doivent être même employées que dans les mouvemens circulaires, si le cheval se panche. Voici comment le cavalier peut avoir besoin des deux premieres fonctions des reins.

Le cheval est susceptible de plusieurs mouvemens, sauts & contre-tems, dans lesquels la position de son corps venant à changer, & ne restant plus paralelle à l'horison, sa ligne verticale se trouve changée par rapport à son corps, le cavalier doit par conséquent changer la sienne, & mettre le corps, soit en avant soit en arriere, suivant la position que prend le cheval, & toujours chercher une position, dans laquelle sa ligne verticale & celle du cheval ne forment qu'une seule & même ligne droite, parce que sans cela, comme je le ferai voir, il n'y auroit point d'union entre les deux corps.

Ces mouvemens du corps, soit en avant, soit en arriere, doivent être opérés par le moyen d'une grande souplesse dans les dernieres vertèbres lombaires ; ce pli doit toujours un peu exister, afin de tenir la ceinture en avant, & servir d'arc-boutant contre quelques mouvemens irréguliers du cheval, qui tendroient à jetter le corps en avant, tel par exemple qu'un arrêt subit ; mais, comme nous l'avons déja remarqué, ce pli doit être fort léger, ne s'opérer que sous l'épaisseur des épaules, &, plus il se fera bas, mieux il remplira son objet.

Des jambes.

Les jambes forment la seconde partie mobile ; nous avons vû qu'étant lâchées, & tombant naturellement, leur poids servoit à assurer la partie immobile dans la selle, je vais démontrer que la position qu'elles prennent, étant lâchées, est encore celle qui est la plus avantageuse pour leurs fonctions.

Les jambes servent d'aides, comme nous le verrons, & c'est par leur attouchement au ventre du cheval qu'elles lui font connoître la volonté du cavalier ; plus elles seront près de la partie sur laquelle elles font leurs fonctions, mieux elles seront placées, puisqu'il est des cas où il faut qu'elles soient promtes à secourir le cheval, & sans à coup : étant lâchées, elles tombent directement contre le ventre du cheval, & vis-à-vis son centre de gravité. C'est donc la position qui leur est la plus avantageuse, tant pour l'affermissement de la partie immobile, que pour leurs fonctions.

Ainsi logées entre l'épaule & le ventre du cheval, elles se trouveront être dans la position la plus commode pour l'escadron.

Il doit y avoir une grande liberté dans le pli du genou, afin que les jambes prennent d'elles-mêmes la position de leur verticale, qu'elles travaillent plus moëlleusement, & qu'elles conservent toujours leurs fonctions par rapport à la partie immobile.

(21)

Des pieds.

Les pieds doivent être paralelles entr'eux, &
ils se trouveront naturellement ainsi placés, si
les cuisses & les jambes sont sur leur plat, mais
si elles n'y sont pas, il est inutile & même dangereux de chercher à tourner ses pieds, parce
qu'on ne peut le faire alors qu'en estropiant la
cheville ; c'est pourquoi, si votre cavalier a les
pieds en dehors, regardez ses cuisses & ses
jambes.

Il est cependant des personnes qui ont les
pieds en dehors à cheval, quoique leurs cuisses & leurs jambes soient tournées ; je ne dirai
pas que c'est défaut de conformation, car cela
est très-rare, quoiqu'en dise M. de Jaucourt à
l'article *Marche* de l'Encyclopédie, mais je dirai que c'est une mauvaise habitude contractée
dès l'enfance ; quand on apprend à marcher aux
enfans, il arrive souvent qu'on leur fait tourner les pieds en dehors, sans faire attention
aux genoux, delà vient cette mauvaise habitude, si désagréable à la vue, & si pernicieuse
à cheval, parce que, dès lors, pour peu que les
jambes se ferment, l'éperon porte, & un homme
les pieds en dehors seroit très-incommode dans
l'escadron ; il faut tâcher de réformer cette habitude, en recommandant souvent au cavalier de
lâcher le col du pied, afin qu'à force de tems
les ligamens & les *muscles* reprennent leur attitude naturelle.

Si le pied est bien lâché, la pointe se trouvera
un peu plus basse que le talon, [nous supposons
le cavalier toujours sans étrier].

De *la tenue à cheval.*

Le premier objet que l'on doit avoir en vue, en mettant un homme à cheval, ou en donnant des principes pour l'y mettre, c'eſt de lui donner une poſition dans laquelle il ait de la tenue & de la fermeté, car toute poſture où l'on ne peut prouver la tenue doit être reputée mauvaiſe.

Je diſtingue deux eſpeces de tenue, l'une que je nomme vraie, & l'autre que je nomme fauſſe.

On a vu dans la poſition que je viens de décrire, l'équilibre du corps de l'homme; c'eſt cet à-plomb & cet équilibre qui forme la vraie tenue, ce n'eſt que par la correſpondance & l'union de toutes les parties du corps, que la machine entiere ſe maintient dans cette poſition; donc toutes les fois que quelqu'une d'elles n'a plus de fonctions, & ne coopere plus à cet équilibre, il eſt bientôt perdu, & alors la vraie tenue ceſſe d'exiſter; l'équilibre perdu, la machine tomberoit au moindre mouvement, ſi l'on ne ſubſtituoit des forces de preſſion, & ce ſont ces forces que je nomme fauſſe tenue. Je dis fauſſe, non parce que je crois qu'avec une telle tenue on ne puiſſe reſter à cheval, mais parce que, dans cette tenue, le cavalier n'eſt plus maître d'agir, toutes ſes parties étant en contraction, & c'eſt poſitivement l'inſtant où les opérations de ſes bras & de ſes jambes lui ſont le plus néceſſaires pour manœuvrer le cheval, & s'oppoſer aux déréglemens auxquels il s'abandonne.

Voyons un homme dans cette derniere tenue ; pour peu que le cheval en fautant enlève le de-vant, comme il a la charniere des reins extrê-mement roide, son corps se porte en arriere, sitôt que le corps est en arriere, il se tient à la main, les cuisses se serrent & les jambes se roidissent ; Si le cheval rue en sautant, comme il a les reins tout d'une piece, il met le corps en avant, les fes-ses deviennent en l'air, les genoux se serrent, & le corps venant en avant, il faut nécessairement que les talons se mettent dans le ventre. Toutes ces choses sont immanquables, & indispensables à un homme, qui, pour sa tenue, employe de la for-ce, & il est aisé de comprendre le mauvais effet que doit produire la tenue de la main & les épe-rons dans les flancs du cheval, au moment où il saute ; c'est ce qui fait que, loin de s'appaiser, le cheval, qui n'auroit fait qu'une pointe ou une ruade, se défend pendant une heure ; on bat l'animal, on lui impute la faute, & on ne s'ap-perçoit pas de son ignorance.

Revenons à la premiere tenue, que je nomme vraie. N'étant qu'équilibre, les bras & les jam-bes conservent leur liberté, travaillent le cheval, & s'opposent à ses dérèglemens ; pour lors, l'ani-mal trouvant toujours des obstacles à ses sotti-ses, & n'ayant rien de la part du cavalier qui l'y excite, il n'est pas douteux que, sous un tel homme, il ne peut que se corriger, au lieu que sous l'autre, tout l'excitant à se débarrasser d'un fardeau qui le gêne par sa fausse attitude, il ne sera sage que lorsque les forces lui manqueront.

Je suis bien loin de dire que la vraie tenue est aisée à avoir, & qu'il n'y a qu'à se lâcher

pour être ferme, ce n'est point ce que j'entends ;
il faut de l'usage en toute chose, & l'art de monter à cheval a toujours été reconnu pour en demander beaucoup. Il faut, pour avoir la vraie tenue, qu'un homme soit parfaitement placé, &
que toute crainte soit bannie ; C'est pourquoi
on ne sauroit avoir trop d'attention dans les
écoles, à mener les commençans peu à peu ; car
si vous donnez à votre cavalier, les premiers
jours, un cheval qui saute, vous l'obligerez malgré lui à avoir recours à la fausse tenue, & il est
même certain que s'il vouloit se lâcher il tomberoit. Il faut attendre qu'il soit bien placé, avant
de lui demander de la tenue.

Personne ne peut se flatter de la perfection ;
c'est pourquoi il peut très-bien arriver qu'un ex-
cellent homme de cheval soit dérangé par un
saut inattendu ; une fois l'équilibre de la machine perdu, il faut nécessairement qu'il employe
de la force, mais alors je lui recommande de n'en
employer que dans les parties où elle est nécessaire, & que la quantité suffisante pour se tenir,
se relâchant aussi-tôt la bourrasque finie, & qu'il
se sent d'à-plomb.

Le degré de tenue est plus ou moins grand ;
celui qui en a le plus est celui qui peut se passer
le plus long-tems de la fausse ; au reste, cette tenue de force est bien fautive, puisque tous les
gens qui tombent de cheval s'en servent.

Quand on est une fois en état de monter des
chevaux qui sautent, il faut en monter beaucoup, cela donne de la tenue, de la hardiesse
& de l'aisance.

De la justesse & de l'aisance.

On nomme justesse ce parfait équilibre qui fait que l'homme se lie à son cheval par les poids & contrepoids de toutes ces parties, sans avoir recours à des forces étrangeres qui le fatigueroient trop, & dont il lui seroit impossible de faire usage un certain tems.

C'est dans cette justesse seule que peut se trouver l'aisance, c'est-à-dire, cette liberté dans chaque partie du corps, qui permet au cavalier d'en faire l'usage qu'il desire. Il y a un principe bien vrai & connu de tous les savans maîtres d'exercice de corps, c'est que la plus grande justesse produit la plus grande aisance; & réciproquement, la plus grande aisance produit la plus grande justesse.

De la grace.

Ces deux articles se suivent, par le grand rapport qu'ils ont ensemble ; on nomme *grace*, une certaine aisance qui, se trouvant dans toutes les parties du corps, fait qu'elles agissent avec un concert qui flatte l'œil; je ne crois pas qu'on puisse définir sous un autre point de vue ce que l'on nomme Grace.

Tout le monde ne peut y prétendre ; on voit tous les jours des gens bien faits, & auxquels on ne sauroit trouver des defauts, qui cependant ne flattent pas l'œil autant que d'autres; cette qualité est naturelle à de certaines personnes, & je dis qu'on ne peut que l'aider par l'art.

Cet art consiste à donner de l'aisance à toutes

les parties qui compofent la machine, car toute
pofture gènée eft défagréable à la vûe.

Des difpofitions.

Je prétends prouver que tout le monde peut
monter à cheval ; quand je dis tout le monde,
j'en excepte toutes fois les gens mal conformés,
tels qu'un homme qui auroit une cuiffe, ou
une jambe plus grande que l'autre.

On voit continuellement dans les écoles des
élèves que l'on délaiffe, difant qu'ils ne réuffiront
jamais ; cela eft vrai, il y a beaucoup d'hommes,
& même le plus grand nombre, qui auront toujours mauvaife grace, & qui feront toujours mal
à cheval dans de pareilles écoles ; mais ne dites pas *c'eft faute de difpofitions*, dites plutôt
c'eft faute de bons principes : On met ces malheureux dans une pofture où ils font contraints
& gênés, comment voulez-vous qu'ils y reftent,
& qu'ils y ayent de la grace ? Le petit nombre
qui réuffit, eft celui qui a été doué par la nature
d'une foupleffe & d'une liberté qui lui rend toute
pofition aifée, ou qui a acquis cette liberté &
ces prétendues difpofitions par le grand ufage ;
on fait que le nombre de ceux là eft très-petit,
& il feroit bien malheureux que les trois quarts
& demi de ceux qui montent à cheval ne puf-
fent réuffir.

Dans la pofture que je donne, tout le monde
peut monter à cheval, puifque tout le monde a
un corps, des cuiffes & des jambes, & que ce n'eft
que les poids & contrepoids de toutes ces parties qui forment l'équilibre. Tout le monde peut

relâcher ſes *muſcles* , c'eſt-à-dire, ſe diſpenſer d'employer de la force, par conſéquent tous les poids agiront & coopéreront à la tenue. Comme ce lâché ſuffit pour monter à cheval, & que tout le monde peut l'être, je conclus que tout le monde peut réuſſir ; par ce moyen, celui qui a les cuiſſes rondes [1] les applatit ; au lieu de rouler ſur la ſelle, elles deviennent ſtables par leur propre poids ; &, étant plus groſſes, elles augmentent la tenue, puiſqu'elles ont plus de peſanteur.

Je ne connois point d'autres diſpoſitions, que plus ou moins de liberté naturelle, qui eſt ce qu'on appelle la grace.

Des aides en général.

On appelle aides les avertiſſemens dont ſe ſert le cavalier pour faire connoître ſes volontés au cheval.

L'inſuffiſance de l'art dans ſon origine les avoit multipliées à l'infini. [2]

------

[1] M. Du Paty de Clam , dans ſon dernier ouvrage, condamne à ne jamais monter à cheval ceux que la nature n'a pas doué de cuiſſes très-longues ; cependant les prétentions que cet auteur a lui-même ſur l'équitation, quoique doué d'une très petite ſtructure, prouvent au moins qu'il reconnoît des exceptions à ſa regle générale.

[2] M. Bourgelat reconnoît une infinité d'aides, que je regarde non-ſeulement comme inutiles, mais même comme fauſſes & contraires aux principes de la poſition & de la ſolidité de l'homme à cheval. Telles

Le cheval dreffé, comme je le ferai voir par la fuite, n'en doit connoître que deux, favoir, la main & les jambes de fon cavalier ; ce font les feules dont il fera queftion dans cette premiere partie, car le cavalier, que je fuppofe inftruire, ne fera de long-tems dans le cas de fe fervir des autres aides auxquelles nous avons recours pour dreffer le cheval, & qui trouveront leur place dans la feconde partie : Il fuffit feulement de lui expliquer ici les moyens qu'il doit employer pour former, fi je puis m'exprimer ainfi, fes demandes à l'animal, & le forcer à y répondre par le châtiment qui doit fuivre le refus aux aides.

On a toujours regardé le corps, les cuiffes & les jarrêts comme des aides, je nie qu'ils puiffent en être, puifque, d'après la pofture que j'ai décrite, ces parties doivent être fans force.

J'ai démontré à l'article du corps, la fauffeté des aides qui en proviennent, j'en démontrerai par la fuite l'inutilité.

J'ai fait voir le danger de ferrer les cuiffes & les jarrets, & au contraire j'ai démontré la néceffité d'avoir ces parties lâchées, afin d'en obtenir la pefanteur. Je crois ces raifons fuffifantes pour ne reconnoître aucune efpece d'aides provenant du corps, des cuiffes, ni des jarrêts.

---

font les aides des *jarrets*, parce qu'on ne peut ferrer les genoux fans déranger l'affiette & roidir les jambes. *L'appui ferme fur les étriers*, que l'on ne peut prendre fans ôter l'appui fur les feffes, & par conféquent changer une bafe que l'on doit au contraire s'attacher à rendre invariable.

Les feules aides bonnes & véritables font les jambes & la bride.

Je dis que les aides des jambes font bonnes, puifque les jambes étant une partie mobile, elles peuvent travailler fans déranger l'équilibre, pourvu qu'elles n'employent aucune force dans leurs opérations : je regarde auffi la bride comme une aide, puifqu'elle fert fouvent à avertir le cheval fans le punir ni le forcer.

Maniere de fe fervir des jambes comme aides & châtimens.

C'eft par l'attouchement des jambes au ventre du cheval qu'elles deviennent aides, fuivant la pofition que nous avons donnée aux jambes ; étant lâchées elles fe trouvent tomber entre l'épaule & le ventre du cheval, & même les premiers points de la jambe, c'eft-à-dire, immédiatement au deffous du jarret, touchent l'animal ; cette pofition leur eft très-favorable, en ce qu'elles font prêtes à agir fans à coup, & à portée d'opérer fur l'objet qu'elles doivent mouvoir, qui eft le centre de gravité du cheval.

Pour fe fervir des jambes, il faut que les plis des genoux foient fort lians, afin de pouvoir les approcher par dégrés & non à coup ; fans ce moëlleux, les effets font comme les caufes, le cheval répond par des à coups, il eft furpris, étonné, fes mouvemens font irréguliers.

Suppofons qu'une jambe foit divifée en trois parties, que nous nommerons degrés, le premier degré partira de la jointure du génou jufqu'au milieu à-peu-près du gras de jambe ; le

ſecond degré partira du milieu du gras de jambe
juſqu'au talon ; le troiſieme degré comprendra
ſeulement le talon, il ſervira de chatiment, mais
il ne doit être employé qu'à ſon tour, c'eſt-à-
dire, lorſque les deux premiers degrés n'auront
pas produit un effet ſuffiſant.

Nous diviſerons encore le premier & le ſecond degré en trois points ; cette diviſion bien
entendue, on ſe ſervira des jambes de la maniere
qui ſuit.

Lorſqu'on voudra les faire opérer, on commencera en pliant le genou avec une flexion
moëlleuſe, pour faire porter le premier point du
premier degré, & ſi cette aide fait obeir le cheval,
on s'en tiendra là ; lorſque le premier point du
premier degré ne fera pas aſſez d'effet, on employera le ſecond point, & ſi cette augmentation
d'aide ne ſuffit pas, on employera le troiſieme
point, ce qui formera la premiere partie de la
jambe ou le premier degré.

Lorſque le premier degré aura fait ſon effet, &
qu'en continuant de le faire agir il augmentera
trop l'action du cheval, on ſe retirera au ſecond
point du premier degré ; & ſi la continuïté du
ſecond point fait trop d'effet, on ſe retirera au
premier, qui eſt la poſition que la jambe doit
prendre naturellement & par ſon propre poids.

Lorſque, pour entretenir ſon cheval dans l'allure qu'on lui aura donné, on aura beſoin de
n'employer que le premier point du premier
degré, il ſeroit mal d'employer le ſecond, puiſqu'il fait trop d'effet.

Lorſque le premier degré ne ſuffira pas pour
faire obéir un cheval, on employera le premier

point du fecond degré , & de fuite le fecond & le
troifieme , fuivant le cas.

Lorfqu'enfin les deux premiers degrés ne fuffiront pas , on employera le troifieme degré , qui
eft le talon armé d'un éperon.

Des épérons.

Ils fervent à châtier le cheval qui n'a pas répondu aux deux premiers degrés , dont il a dû
fentir tous les points avant.

Lorfqu'il n'y a pas obéi, on doit, ayant les
jambes fermées , tourner un tant foit peu là
pointe des pieds en dehors, fans ouvrir les gé-
noux, les lui faire fentir vigoureufement derriere les fangles , & les y laiffer affez long-tems
pour qu'il les fente bien, mais pas affez pour l'y
faire défendre ; & , lorfqu'ils ont produit l'effet
qu'on en attendoit, les jambes doivent fe reti-
rer dans la progreffion inverfe de celle qu'on a
fuivi pour les fermer. Quoique, dans l'article
précédent, nous n'ayons parlé que d'une feule
jambe, il eft cenfé que la même divifion eft
pour les deux.

Nous indiquerons, en parlant de la maniere de
mener les chevaux, les occafions où elles doivent travailler, & opérer inégalement ou enfemble.

Il faut fe garder de laiffer prendre des éperons
à un commençant, dont les cuiffes & les jambes
fe fecouent à chaque tems de trot, parce qu'il
n'a pas encore acquis de fermeté dans fon affiette ; car alors, non feulement les coups d'é-
perons qu'il donneroit au cheval feroient très

dangereux, mais s'il vouloit se contraindre &
les éviter, il se roidiroit & porteroit les jambes
en avant.

Il faut aussi avoir attention, en fermant les
jambes, c'est-à-dire, en pliant les genoux, que
les *muscles* ne se roidissent point, & qu'on en sen-
te toujours la pesanteur par tous les points où
elles passent. Comme, en fermant les jambes, ce
n'est qu'un avertissement que vous donnez au
cheval, il ne faut pas chercher à les serrer,
pourvu qu'elles effleurent le ventre cela suffit.

Maniere de se servir de la bride comme aide & châtiment.

Quant à la bride, je la regarde aussi comme
une aide ; la main gauche est destinée à la tenir , afin de laisser la main droite libre pour
tout autre usage , tel que de combattre.

C'est pourquoi il faut que le cavalier sache,
de cette main seule, faire exécuter à son cheval
toute espece de mouvement dont la bride est
susceptible.

La position de la main la plus commode pour
le cavalier, & pour la justesse des opérations de
la bride, est généralement à six pouces du corps,
& élevée à quatre au dessus de l'encolure ; la
main doit être plus basse que le coude, le poignet arrondi de façon que les nœuds des doigts
soient directement au dessus de l'encolure, les
ongles vis-à-vis le corps, & que le petit doigt
en soit plus près que les autres, le pouce sur
le plat des rênes, qui doivent être séparées par le
petit doigt, la rêne droite passant par dessus :
Voilà

Voilà la pofition que doit avoir la main gauche
& celle où il eft le plus aifé de fentir les deux
rènes avec égalité, c'eft celle que doit prendre
un homme qui monte un cheval dreffé (lorfqu'on monte en particulier un cheval neuf, auquel on apprend à connoître les rènes, ou un
cheval qui fe défend, je n'affujettirai jamais à
une pofture fixe, étant permis à celui qui eft
en état de le monter de prendre des licences,
& une pofition de mains où il lui foit plus facile d'opérer).

La main placée comme je viens de le dire, le
cavalier doit fentir la bouche de fon cheval, c'eft-
à-dire, fentir l'appui du mors fur les barres,
fans pour cela que le mors faffe un effet qui
contraigne l'animal; c'eft feulement pour établir un fentiment continuel entre la main de
l'homme & la bouche du cheval.

J'ai dit dans ma définition des *aides*, qu'on ap-
peloit de ce nom tout ce qui avertiffoit le cheval des intentions du cavalier; &, effectivement,
quand vous faites agir légérement une rène, la
rène droite je fuppofe, pour redreffer le cheval de ce côté, ce n'eft qu'un avertiffement d'aller à droite, & ces avertiffemens font fuffifans
fur le cheval bien mis; mais s'il s'y refufe,
pour lors, augmentant la force de vôtre rène
droite, vous lui faites fentir une douleur fur la
barre du même côté, qui l'oblige à répondre à
ce que vous lui demandez; c'eft ainfi que l'on
fait de la bride une aide, ou un chatiment fuivant la force que l'on y employe.

La main de la bride placée, voyons la façon
dont elle doit travailler : comme je fuppofe tou-

jours que, quand on prend la bride dans la main gauche, avec la pofition que je viens de décrire, on travaille un cheval dreffé, les mouvemens de mains doivent être très-légers ; mais, quelque petit que foit le mouvement de la main, le bras doit s'en reffentir & agir en proportion ; ceux qui veulent ne travailler que de l'avant bras font toujours gènés dans leurs mouvemens. Il faut, pour travailler avec liberté, que le bras prenne fon point d'appui à l'épaule, fans lui communiquer aucune force.

Lorfqu'on a befoin d'arrêter ou diminuer le train de fon cheval, les deux rênes doivent opérer également, & le poignet travailler, non de bas en haut, ni horizontalement, c'eft-à-dire, droit au corps, mais bien dans la direction de la diagonale du quarré formé par la ligne horizontale & la perpendiculaire [*voyez la Pl. 3.*]

Démonftration.

La force fuppofée au point B ne doit point agir fuivant les directions B A ni B C, mais dans la direction B F. Si le cheval a befoin d'être ramené, la main doit fe rapprocher de B C, fi au contraire, il s'encapuchonne, la main doit fe rapprocher de B A. J'en donnerai la raifon au chapitre de l'embouchure.

Tous les tems d'arrêter doivent fe faire par gradation [1] & on doit les proportionner à la fen-

---

[1] Ce moëlleux eft très-effentiel à obferver, car ce n'eft jamais que les mouvemens faccadés de la main

fibilité du cheval ; mais en augmenter la force
jufqu'à la douleur de la barre , pour en faire un
châtiment s'il refufoit l'obéiffance.

Quand , après avoir fait un tems d'arrêt, le
cavalier rend au cheval , il doit obferver le
même moëlleux , & ne rendre que petit à petit ;
& autant qu'il s'appercevra pouvoir le faire fans
que le cheval fe dérange.

Il eft beaucoup de chevaux bien dreffés, qui,
au lieu de s'arrêter & d'obéir à un tems d'arrêt,
cherchent au contraire à s'appuyer fur la main
de leur cavalier , & à s'en aller ; cela vient communément de ce que le cavalier ne s'apperçoit
pas que la force qu'il employe dans fes mains fe
communique à fes cuiffes (2) ; cette faute eft commune à tous les commençans ; il faut les accoutumer & leur recommander fouvent de travailler
de la main , fans communiquer de force à leur partie immobile ; car , lorfque la partie immobile reçoit de la force, néceffairement elle fe dérange, &
nombre de chevaux font doués d'affez de fineffe ,
pour que ce dérangement faffe effet fur eux.

Le poignet placé comme nous l'avons dit, fi
j'ai befoin de fentir la rêne droite , j'arrondirai
un tant foit peu mon poignet, fans l'élever ; fi

---

du cavalier qui ruinent les chevaux , en rejettant le
poids de la maffe fur les jarrets.

[2] Chez les chevaux doués de fineffe , & prefque tous
les jeunes chevaux en ont affez pour s'appercevoir de
la roideur & de la force que les cavaliers emploient
dans leur partie immobile , elle fe fait reffentir dans
les jambes , & elle donne de l'incertitude & de l'ardeur
au cheval.

je veux fentir la gauche, je mets un peu les ongles en l'air.

A mefure que nous expliquerons la façon de mener un cheval, nous expliquerons les effets de la bride.

On permet aux commençans, dans les manéges, & lorfque la main droite n'eft pas occupée, de s'en fervir pour tenir le bridon ou filet ; pour lors elle en empoigne les rênes par deffus celles de la bride, les ongles en deffous, la main plus baffe que la gauche, nous verrons fon ufage.

Cet article-ci finit l'inftruction du cavalier fur le cheval par rapport à fa pofture, & il doit avoir conçu & pratiqué tout ce que je viens de dire fur le cheval arrêté, avant de le faire cheminer : on regagnera bien le tems qu'auront fait perdre ces premieres leçons, fi elles font bien conçues, car la lenteur des progrès eft prefque toujours occafionnée par de fauffes attitudes, qu'il faut corriger & détruire.

Démonftration méchanique de la meilleure pofition de l'homme fur le cheval, par M. d'Auvergne, lieutenant-colonel de cavalerie, commandant l'équitation de l'école-royale militaire.

L'union, l'équilibre & le mouvement des corps étant du reffort de la méchanique, il eft clair que l'équitation ou l'art de monter à cheval peut être fubordonné à fes loix, & fi l'on avoit eu plutôt recours à cette fcience démonftrative, on auroit évité une marche équivoque, qui nous a conduit à tant d'erreurs : mais, tel eft l'efprit humain, parvenant quelquefois à la démonftra-

tion des vérités les plus abſtraites, il erre d'autres fois auprès des vérités les plus ſimples.

Dans tous les ſiecles on s'eſt occupé de l'art
de monter à cheval, on a eu des praticiens,
des maîtres, des méthodes, des in-folio. M. de
Luberſac [1] eſt le premier qui ait eu quelque
idée des principes naturels & méchaniques de
cet art. Un de ſes écoliers, dont la réputation
eſt au deſſus de ce que je pourrois en dire, joi-
gnant des connoiſſances mathématiques à la
pratique la plus ſuivie, fit enfin il y a quelques
années la démonſtration ſuivante.

Je ne me ſuis permis que de l'amplifier de
quelques lignes, par leſquelles j'ai cru pouvoir
la rendre plus claire, à ceux qui n'ont encore
qu'une légére idée de l'équitation.

Démonſtration.

Le centre de gravité de l'homme eſt dans une
ligne verticale, qui prend du ſommet de la tête
& ſe termine à l'os *pubis*. [2]

---

[1] M. de Luberſac étoit un éleve de M. de Palver:
il obtint une place de ſous-écuyer à la grande écurie ;
il quitta cette place pour prendre une compagnie de
Cavalerie, &, pendant les guerres de Bohême, Louis XV
le rappela à Verſailles : il rentra à la grande écurie,
d'où il ſortit pour prendre une cornette des chevaux-légers de la garde, où s'éleva, ſous ſon commandement, cette fameuſe école des chevaux-légers, qui a
fourni à la Cavalerie les ſujets les plus diſtingués. M.
De Luberſac eſt mort Maréchal de camp.

[2] L'os pubis fait partie des os des iſles qui forment
le baſſin du ſquelette, c'eſt la partie antérieure.

Le centre de gravité du cheval est dans une ligne verticale, qui prend au milieu du dos de l'animal & se termine à la pointe du *sternum*. [1]

Il faut que l'homme soit placé à cheval de maniere que la ligne verticale, dans laquelle se rencontre son centre de gravité, se trouve directement opposée à la ligne verticale du cheval, dans laquelle se rencontre aussi son centre de gravité, & qu'elles ne forment plus qu'une seule & même ligne droite; les deux corps seront par conséquent en équilibre.

Dans tous les mouvemens de l'animal, sa ligne verticale changeant, celle de l'homme doit changer aussi, & ne former qu'une seule & même ligne droite; si elles formoient un angle, les deux corps se choqueroient à chaque instant, & par conséquent perdroient de leur force & de leur vîtesse. [*axiome.*]

Ce que nous venons de dire est pour la position du corps seulement; si ce corps n'avoit rien qui le contînt en équilibre, il tomberoit au moindre mouvement de l'animal; les cuisses & les jambes, qui embrassent le cheval, lui servent de contrepoids, & ces parties unies avec le corps du cheval forment l'équilibre de toute la machine.

Les jambes & les cuisses ne peuvent former l'équilibre avec le corps, qu'au moyen de leur poids, ces parties doivent donc être absolument

---

[1] Le sternum est une piece partie osseuse & partie cartilagineuse, située à la partie inférieure du thorax ou de la poitrine.

fans force ni roideur, pour en obtenir toute la pefanteur.

Planche 4 [~~fig. 4~~] nous confiderons le corps comme une puiſſance P, qui tire verticalement & avec l'effort de la pefanteur du corps.

Nous confiderons les cuiſſes comme une autre puiſſance Q, qui tire fuivant une verticale prife du centre de gravité de la cuiſſe, & qui fait l'effort de la pefanteur de la cuiſſe.

Nous confiderons de même les jambes comme une puiſſance R, qui tire verticalement & avec l'effort de leur péfanteur.

Ces trois puiſſances font paralelles, étant toutes verticales ; il fera aifé de leur trouver une réfultante.

On en trouvera d'abord une de la puiſſance du corps avec celle de la cuiſſe, enfuite une autre compofée de cette refultante avec la puiſſance de la jambe ; cette derniere refultante attirera tout le corps de l'homme en avant, ce qui doit être pour l'empêcher de tomber en arriere, quand le cheval fe porte en avant.

La maſſe de la machine animale étant portée en avant, & foutenue par le moyen de ces quatre colonnes, le corps de l'homme tomberoit en arriere, s'il n'étoit attiré en avant par le contrepoids des cuiſſes & des jambes, mais ce contrepoids, ou les puiſſances des cuiſſes & des jambes, dont nous venons de parler, font portées en avant avec la maſſe de l'animal.

La refultante qui attire le corps de l'homme en avant, l'y attirera dans le moment où l'animal fe porte en avant, & empêchera le corps de tomber en arriere ; donc c'eſt la pefanteur des cuiffes & des jambes qui contient le corps, & l'empêche de faire des mouvemens irrégu- liers qui contrarieroient l'animal.

La ligne verticale du corps de l'homme le partageant en deux parties égales, il fuit de là, que la cuiffe & la jambe droite font équilibre avec la partie droite du corps, & que la cuiffe & la jambe gauche font équilibre avec la partie gauche; c'eft pourquoi il eft effentiel, pour con- ferver ces équilibres, d'embraffer également fon cheval avec les deux cuiffes. Si on ne l'embraffe pas également, il n'y a plus d'équilibre, cela fe fent aifément, parce que plus de pefanteur dans l'un des deux poids attire l'autre, & fait pancher la machine.

Par ce que nous venons de dire, on voit que l'homme eft divifé en trois parties, en corps, cuiffes & jambes. Le corps & les jambes font deux parties qui doivent être mobiles, les cuif- fes doivent être immobiles, & ne former qu'un feul & même corps avec le cheval.

Le corps de l'homme doit être mobile, pour que fa ligne verticale puiffe toujours fe démon- trer en ligne droite avec celle de l'animal, & changer ainfi que la fienne à chaque mouve- ment qu'il fait.

La partie mobile des jambes eft faite pour porter le cheval en avant, & lui faire exécuter tous les mouvemens dont il eft fufceptible.

Dans leurs opérations, il faut qu'elles gardent leur pefanteur, pour conferver leur fonction d'équilibre; ainfi elles doivent fe fermer fans roideur: fi on en employoit, le corps fe porteroit nécessairement en arriere, quand on fermeroit les jambes.

Les bras, qui font l'effet des deux extrèmités d'un balancier, doivent tomber également, pour ne pas déranger l'équilibre du corps ; si, dans leurs différens mouvemens, on est obligé d'en éloigner un plus que l'autre, ou d'employer plus de force dans l'un que dans l'autre, il faut bien avoir attention que le corps n'ait point de part à leurs différens mouvemens, sans quoi l'équilibre se perdroit.

Si toutes les parties du corps de l'homme font dans la position indiquée, la machine entiere restera donc en équilibre, dans l'état de repos, & dans l'état de mouvement du cheval.

Ce qu'il falloit démontrer.

Je crois difficile d'établir & de démontrer une position sur le cheval qui soit plus conforme à la construction anatomique de l'homme, plus simple, plus commode & plus sure. Je termine ici tous les raisonnemens qui me la font adopter dans l'état de repos ; &, en parlant des différens mouvemens de l'animal, je prouverai à chaque instant que cette même position de l'homme est la seule qu'on doive prendre, & conserver toujours, pour tirer le plus grand parti du cheval, & en obtenir la souplesse, la grace, la force, la vitesse, & la résistance dont il est susceptible.

Méthode à suivre pour instruire un élève dans l'art de monter à cheval.

C'eſt, je le répéte, des premieres leçons mal données & mal conçues d'où proviennent toujours des attitudes forcées & génées, qu'on ne détruit qu'avec tant de peine.

Le zèle & la volonté d'un commençant le font ordinairement roidir & contraindre, pour ſe redreſſer & s'étendre, ſi le maître n'a l'attention de lui démontrer que la grace ne peut exiſter qu'avec l'aiſance. Ce n'eſt qu'au bout de quelques jours, que toutes les parties de ſon corps auront acquis la ſoupleſſe & l'habitude de la poſition qu'on lui demande.

L'on prendra toutes les précautions néceſſaires pour conduire le cavalier par gradation, en commençant par les mouvemens les plus lents, les plus doux, les plus réguliers & les plus unis, pour arriver, à meſure qu'il ſe confirmera dans ſa poſture, aux mouvemens les plus rapides, les plus durs & les plus irréguliers.

Le pas uniforme ſur une ligne droite ſera donc choiſi pour les premieres leçons, comme l'allure la plus douce, & dans laquelle il eſt le plus aiſé de conſerver ſon équilibre.

On ſe gardera bien de ſe ſervir de la méthode uſitée dans preſque toutes les écoles, de commencer par faire trotter les cavaliers à la longe ſur des cercles, & ſouvent ſur de jeunes chevaux, dont l'allure irréguliere exige une longue pratique pour n'en être pas déplacé ; mais, quand même on choiſiroit le cheval le plus ſage & qui trotte le plus réguliérement, le corps, dans le mouvement circulaire, en proye aux forces centrifuges & centripétes, préfente des difficultés pour conferver fon à-plomb, difficultés qu'un commençant ne fauroit vaincre ; il n'eft, dans ces leçons, occupé que de fe tenir par des moyens de force ; il faut donc attendre qu'il foit bien confirmé dans le mouvement fimple & direct, avant de le faire paffer au mouvement compofé & circulaire.

On donnera toujours au cavalier un cheval mis ou dreffé, afin qu'il puiffe pratiquer les préceptes qu'il a reçus ; alors, l'obéiffance ou la défobéiffance de l'animal fervira même à l'avertir de fes fautes, il recevra de fon cheval une leçon continuelle.

Pour faciliter les moyens de donner leçon aux commençans, & multiplier les précautions contre les accidens qui pourroient arriver en les mettant d'abord en plaine, on a imaginé des efpaces fermés, appelés *manéges*, affez vaftes pour travailler les chevaux fur toutes les allures, mais pas affez grands pour que l'élève puiffe ceffer un inftant d'entendre le maître ; ces manéges font encore fort commodes pour dreffer & affouplir les chevaux. [1]

-----

[1] L'hiver comme l'été, les Cavaliers romains étoient réguliérement exercés tous les jours, & lorfque la rigueur de la faifon empêchoit qu'on ne put le faire à l'air, ils avoient des endroits couverts deftinés à cet ufage. [M. d'Autheville] au mot *Exercice* de l'Encyclopédie.

Il y a des manèges de deux efpeces, les uns couverts & les autres découverts.

Les premiers font deftinés à fe garantir des mauvais tems, qui feroient un obftacle à la fuite & continuïté des leçons que l'éducation des chevaux exige.

Les feconds font des efpaces fimplement limités par des barrieres.

On a élevé dans toute la France des manèges deftinés à l'inftruction de la cavalerie, & c'eft fur tout depuis la paix de 1762, que ces édifices fe font multipliés à l'infini, mais la forme qu'on leur a donné, fervira, tant qu'ils exifteront, à prouver la fauffeté de nos idées & de nos principes, fur les moyens de former de la cavalerie. Les planches des Newcaftle & des la Gueriniere ont fervi de plan à nos architectes ; au lieu de donner à ces manèges la plus grande longueur poffible, on ne leur a donné, dans cette dimenfion, que trois fois leur largeur ; c'étoit la proportion de ceux de Verfailles, & perfonne ne s'éleva contre cette imitation, abfurde pour la cavalerie, car ce n'eft que dans des efpaces longs qu'elle peut décider & unir fes allures, qualités qui deviennent le principe de l'ordre, de l'enfemble, & de la force de nos efcadrons. D'autres raifons militent encore en faveur des efpaces vaftes pour faire travailler la cavalerie, puifqu'il faut que ces manèges foient propres à contenir un grand nombre de chevaux à la fois ; & pour que ces chevaux ne s'y ruinent pas promtement, il faut que les coins foient affez éloignés, pour que les mouvemens directs ne foient pas réduits en mouvemens circulaires. La faute que l'on fit alors exifte encore aujourd'hui , mais elle eft d'une conféquence à mériter l'attention du miniftere. Si l'on approuve mes principes, & qu'il y ait encore des manèges à élever, je confeille de leur donner 80 pieds de largeur fur 300 pieds de longueur. Il y a deux manèges à Lunéville, dans lefquels 72 hommes marchent enfemble avec aifance. Ce font les feuls que je connoiffe où la cavalerie puiffe travailler avantageufement, & fans fe ruiner. Tous ceux de nos garnifons ne font propres qu'à exercer une douzaine de cavaliers à la fois & en file.

On dira peut être que les manèges font inutiles, & que la cavalerie doit s'inftruire en plaine; je réponds que, tant que la faifon permet à la cavalerie de fortir, il faut la mener dehors, mais qu'en France, pendant cinq mois de l'année, les pluyes, les neiges, les glaces, les frimats l'empêchent de fortir; & que, lorfqu'elle n'a point de manège, elle refte dans une inaction nuifible à l'homme & pernicieufe au cheval.

Quant aux manèges découverts, fermés par de fimples barrieres, ils doivent avoir à-peu-près les mêmes proportions ; je préfère ces derniers pour inftruire les hommes, & les premiers pour inftruire les chevaux.

Mais revenons aux leçons de mon cavalier ; après avoir démontré fa pofition, il me refte à fixer la marche que l'on doit lui faire fuivre, pour la confolider ; & à indiquer la fucceffion des leçons qu'il doit recevoir. Je n'entrerai que dans les détails des opérations qui fervent à mener le cheval parfaitement dreffé, car c'eft de l'instruction de l'homme dont il s'agit feulement ici, la feconde partie de cet ouvrage traitant fuffisamment de celle du cheval.

Il n'eft pas douteux, que la juftesse de la pofture de l'homme fur le cheval influe infiniment fur l'obéissance de ce dernier; il faut donc s'attacher prémierement à la conferver, & fecondement à rendre les opérations des mains & des jambes du cavalier fimples, faciles, & indépendantes du refte du corps.

Premiere leçon.

Le cavalier prêt à marcher fera placé, ainfi que nous l'avons déja dit, fur un cheval dreffé & fage; il fera fans étriers, parceque fes cuiffes n'ont pas encore acquis le degré d'alongement dont elles font fufceptibles, fes mains feront placées ainfi que, je l'ai indiqué plus haut, tenant chacune une rêne du bridon. Il faut fe garder de mettre le cheval en bride, parceque les commençans font fujets à fe tenir à la main, & par conféquent à gâter la bouche de leur cheval; d'ailleurs, il eft néceffaire de leur expliquer & faire fentir l'effet des rênes, & le bridon devient beaucoup plus commode pour cet objet.

Afin de commencer par le mouvement le plus fimple & le plus aifé, on mettra le cheval au pas, fur une ligne droite A B. [*Planche 5.*]

En le fuppofant arrêté au point A, pour fe porter au point B, fes bras, qui ne font qu'à demi tendus, fe baifferont également, & affez pour donner pleine liberté au cheval de porter ſa maſſe en avant, mais pas aſſez pour qu'il n'exiſte plus aucun ſentiment entre les mains du cavalier & la bouche de ſon cheval.

Par une ſimple flexion dans les deux genoux, le cavalier fera ſentir les premieres aides de ſes jambes au cheval, en ſe ſervant des moyens que nous avons expliqué en parlant des aides, & en obſervant de mettre beaucoup d'égalité dans les deux plis des genoux, afin que la direction du mouvement ſoit ſur la droite A B. Car mon cheval eſt dreſſé, comme on le verra par la ſuite, à ſe porter à-gauche ſi la jambe droite de l'homme donne plus d'aide, & à-droite ſi c'eſt la gauche qui en donne le plus. La ligne droite eſt, dans ce cas-ci, la réſultante de deux forces égales en direction oppoſée. [1]

Il eſt évident que la poſition la plus avantageuſe au cheval, eſt celle dans laquelle il ſera paralelle à la ligne 1. 2., puiſque celle qu'il ſuit lui eſt paralelle, & qu'il ne peut la quitter ſans allonger ſon chemin. Toute l'attention du cavalier doit donc être portée à contenir ſon cheval dans cette direction; il y aura peu de peine, puiſque mon cheval eſt dreſſé, il lui ſuffira ſeulement d'opérer toujours en proportion de la

---

[1] Je préfere les manèges découverts pour inſtruire les hommes, parce que, n'ayant point le ſecours du mur pour contenir leurs chevaux droits, ils ſont obligés d'employer leurs deux jambes avec juſteſſe; au lieu que les écoliers habitués aux manèges fermés de murs, ne travaillent ordinairement qu'avec la jambe de dedans & ſe trouvent très-dérangés lorſque le mur leur manque.

lenteur ou de la vîtesse que le cheval mettroit
dans son allure.

Nous avons vu que le corps établi d'à-plomb
sur sa baze, étoit placé le plus solidement possible, mais que si cette base, ou le corps du cheval,
venoit à se porter en avant, le corps de l'homme
tomberoit nécessairement en arriere, si quelque
puissance ne le soutenoit, & ne l'attiroit en avant.
Nous avons démontré que la résultante du poids
des cuisses, & des jambes emportées avec le cheval, faisoit un effort capable de soutenir ce corps,
& l'empêcher de tomber en arriere ; mais si cette
loi est suffisante pour l'équilibre, lorsque le cheval est dans un état de mouvement uniforme, elle
devient insuffisante, dans l'instant où l'animal
passe de l'état de repos à l'état de mouvement ;
parceque l'à coup de ce changement d'état donne
une impulsion au haut du corps de l'homme, qui
tend à le laisser en arriere ; &, plus il y aura de
différence entre le repos & la vîtesse, plus l'à
coup & l'impulsion seront considérables, & plus
aussi l'à-plomb de l'homme sera difficile à garder.
Il est donc prémierement bien essentiel de n'employer aucune force dans les opérations des jambes, qui leur feroit perdre de l'effort qu'elles
font par leur pesanteur, conjointement avec les
cuisses, pour attirer le corps en avant.

La partie immobile, emportée avec le cheval
qui se meut directement, attire nécessairement
le corps de l'homme, auquel elle sert de base ;
les points du corps les plus près des fesses de
l'homme, seront ceux qui seront les plus attirés,
& cette force d'attraction en avant, diminue
proportionnellement en s'approchant du som-

met

…net de la tête de l’homme ; c’eſt ce qui fait que ſi, dans un moment inattendu, un cheval paſſe ſubitement de l’état de repos au mouvement direct, les reins de l’homme cédent à l’impulſion, en fléchiſſant en avant, & le haut de ſon corps reſte en arriere ; il eſt donc néceſſaire que l’homme ſe précautionne, non-ſeulement par une réſiſtance dans ſes reins, mais même que ſes muſcles lombaires donnent une légére impulſion à ſon corps, pour le porter paralellement en avant à l’inſtant de la motion de l’animal ; il eſt inutile d’expliquer ainſi le principe en donnant leçon, il ſuffit de dire à l’homme, comme méthode générale, *que tout votre corps ſe porte en avant en même tems que l’animal*, car ce mouvement dans les muſcles lombaires eſt auſſi naturel à cheval qu’à pied.

Le cheval & l’homme, mis en mouvement avec ces précautions, conſerveront leur centre de gravité dans la même verticale ; &, étant ſur la direction A B, le cheval continuera à ſe mouvoir uniformément, ſi les aides ſe continuent avec gradation. Il ne s’agira que de continuer les mêmes cauſes pour obtenir les mêmes effets. Il ſemble que ce ſeroit ici le moment d’expoſer comment le cheval peut ſortir de la direction qu’on lui a donnée, & les moyens de l’y faire rentrer ; mais ce ſeroit confondre les deux parties de l’art de monter à cheval, & c’eſt de la poſition de l’homme ſeulement dont il s’agit dans ces premieres leçons.

En parcourant la ligne A B, on fera ſentir au commençant l’effet des poids & contrepoids de chacune de ces parties, qui doivent toutes tirer

fur leur attache , favoir, les genoux tirés &
preffés fur la felle par le poids des jambes , & les
cuiffes tirées & preffées fur la felle par leur propre poids.

La charge égale fur fes deux feffes l'avertira
que fon corps n'eft panché ni à-droite ni à-gauche, car l'inégalité de cette même charge l'aver-
tiroit que le corps eft panché du côté de celle
qui fupporteroit le plus grand poids. Chaque
pas de l'animal produit une petite fecouffe im-
perceptible de haut en bas dans tout le corps
de l'homme, ce qui femble l'inviter à y ceder,
en fe reláchant de plus en plus ; cette petite fecouffe aidera les cuiffes à s'alonger & fe mettre
fur leur plat, & les jambes à fe placer plus tom-
bantes & plus près du corps du cheval. Quelques maîtres pourroient être tentés de nier cette
vérité, mais, pour s'en convaincre, qu'ils interro-
gent les commençans, ceux-ci certifieront qu'ils
fe placent plus facilement fur un cheval en
mouvement que fur un cheval arrêté.

Il n'eft point néceffaire que le cheval, en cheminant fur la droite A B, ait l'encolure pliée
à-droite, comme on le recommande dans prefque toutes les écoles ; je remarquerai, au contraire, que cette pofition d'encolure à-droite rejette ordinairement les épaules du cheval à-gauche, contrarie fa marche, en un mot, le met de
travers & hors de fon à-plomb. Je fais qu'un
cheval de manège, dans un paffage tride, ou
une galoppade raccourcie & enlevée, acquiert de
la grace aux yeux des fpectateurs par cette pofition d'encolure, mais ce n'eft ni des tours,
ni des gentilleffes dont j'entends parler dans

cette inſtruction , c'eſt des principes certains &
démontrés de l'art de monter & dreſſer les chevaux pour la guerre, or je me reſerve de montrer par la ſuite , combien il eſt eſſentiel que les
chevaux ſoient abſolument & rigoureuſement
droits pour l'enſemble & le train de nos eſcadrons , qui ne doivent connoître ni paſſage ni
galop enlevé , mais ſeulement un trot franc &
un galop décidé.

Lorſque le cavalier a le mur ou la barriere
du manége à ſa gauche , & l'eſpace du manége à
ſa droite , on dit qu'il marche à-droite & *vice-
verſa* , on dit qu'il marche à-gauche.

Arrivé au point B , le cheval ayant la tête dans
le coin , & ne pouvant plus cheminer devant
lui , il faut le tourner à-droite , pour le mettre
ſur la nouvelle direction B C; pour opérer cet
à-droite , le cavalier ouvrira ſon bras droit à-
droite , en augmentant la force de ſa rêne droite,
pour déterminer les épaules de ſon cheval à
embraſſer le terrein de ce côté , ſon bras gauche
empêchera que l'encolure ſeule obéiſſe au mouvement de ſa rêne droite , en retenant la tête &
l'encolure; il augmentera en même tems l'effet de ſes jambes , pour que les opérations des
mains ne ralentiſſent pas le mouvement de la
maſſe ; la jambe gauche , ſur-tout , empêchera le
cheval de ſe jetter à-gauche , & au contraire aidera à porter la maſſe de l'animal à-droite.
Dans ce petit mouvement circulaire de l'animal,
la partie gauche de l'homme ayant à décrire un
plus grand cercle que la partie droite , il faut
prendre garde qu'elle ne reſte en arriere comme la

force centrifuge tend toujours à l'y jetter ; mais ce n'eft pas, comme l'enfeignent plufieurs maîtres, l'épaule de dehors feulement qu'il faut avancer, c'eft toute la partie gauche, qui doit fuivre ce mouvement provenant fur-tout de la hanche.

Le cheval ayant paffé le coin, & fe trouvant fur la droite B C, les lignes des épaules & des hanches de l'homme doivent être perpendiculaires fur le côté 2. 3. L'élève cheminera fur cette ligne comme fur la précédente, &, arrivé au point C, employera les mêmes moyens pour paffer le coin & reprendre la direction C D.

J'ai fait jufqu'à préfent l'énoncé de tous les principes de la pofition de l'homme, c'eft à celui qui donne leçon à appercevoir les fautes que l'élève commet, à le reprendre, & fe fervir des meilleurs moyens pour le corriger.

Lorfque le commençant aura fait ainfi plufieurs tours marchant à main droite, on lui fera faire un à-droite au point M, ou à tel autre que l'on voudra, pris fur les côtés 1. 2 ; 2. 3 ; 3. 4 ; 4. 1. &, traverfant le manége E perpendiculairement à fa longueur ou largeur, partant par exemple du point M par un à-droite, & arrivant au point M en faifant un à-gauche, en employant les moyens contraires à ceux qu'il a employés pour faire à-droite, il fe mettra fur la direction M B, où, marchant & tournant alors à main gauche il pratiquera les moyens néceffaires pour mener fon cheval droit.

L'à-gauche que l'on fait pour paffer de la ligne M M fur la ligne M B, s'appelle en terme de manége un changement de main ; on peut aussi les exécuter par des demi à-droite & demi à-gau-che, en traversant diagonalement le manége.

Après une leçon d'un quart d'heure, plus ou moins, jugée suffisante par le maître, il fera faire halte au commençant. Je le suppose arrivé au point E, afin de laisser la liberté des murs à ceux qui pourroient travailler après. On lui com-mandera *halte*, ce qu'il exécutera en diminuant l'effet de ses jambes, & formant un arrêt avec égalité de force & de direction dans ses deux bras. Si la tête, l'encolure & les épaules sont bien sur la même direction, le cheval obéira avec précision.

Nous avons vû, dans le passage du repos au mouvement à l'instant du départ, que le corps de l'homme étoit sujet à faire un mouvement en arriere ; par la raison contraire, à l'instant de la cessation du mouvement, son corps est sujet à faire un mouvement en avant ; il faut, pour l'éviter, que le cavalier se précautionne par une résistance dans les reins, qui arrête la continuïté d'impulsion que le corps a de cheminer. Ces mouvemens ne se font sentir que très-légére-ment dans les allures lentes, & par conséquent pourroient être niés par ceux qui n'ont pas ap-profondi leurs remarques sur l'équitation. Pour se convaincre que cette impulsion existe & se fait sentir dans l'instant de l'arrêt, il n'y a qu'à passer d'une allure vive à la cessation totale du mouvement.

Je ne sais si c'est pour avoir apperçu cette impulsion & pour y remédier, que quelques

maîtres donnent le principe de mettre le corps
en arriere en formant un arrêt, principe que j'ai
démontré faux, & que je condamne encore ici
comme inutile, puisqu'une légére résistance dans
les vertèbres lombaires suffit ; principe faux encore, en cela même qu'il est vague & indéter-
miné.

Cette leçon sera répétée alternativement aux
deux mains, jusqu'à ce que le maître juge le
commençant assez solide pour n'être pas dérangé
par une action plus vive.

Deuxieme leçon.

La deuxieme leçon commencera, comme la
premiere, par quelques tours de manége à-droite
& à-gauche, & des changemens de main en lignes perpendiculaires & diagonales, prises sur
différens points des côtés du rectangle A B C D,
mais le pas du cheval sera un peu plus déterminé & allongé par le moyen des aides du cavalier ; pendant les premiers tours, on le fera
plusieurs fois arrêter & repartir, afin de le fami-
liariser avec ces mouvemens, jusqu'à ce qu'il n'en
soit plus ébranlé.

L'instant où le commençant sera le plus juste
& le plus aisé, sera celui que le maître choisira
pour le faire passer à l'allure du trot ; pour cela,
il lui fera augmenter les aides des deux jambes
également & uniformément.

Dans ce passage subit de l'allure du pas à celle
du trot, il faut avoir la même précaution, pour
conserver son corps perpendiculaire, que dans

le paſſage primitif du ~~corps~~ au mouvement, &
il en ſera ainſi toutes les fois que les allures
augmenteront en viteſſe.

L'action du trot étant opérée, comme nous
l'expliquerons, par les foulées ſucceſſives des
deux bipédes diagonales, c'eſt l'allure la plus difficile pour la liaiſon de la partie immobile de
l'homme au corps du cheval ; car, à chaque tems
de trot, il ſe fait ſentir ſous les feſſes de l'homme une impulſion qui tend à les élever de deſſus la ſelle, où elles retombent dans l'intervalle
des foulées.

Il eſt évident que, pour être moins enlevées,
il faut que les feſſes ſoient chargées le plus poſſible, c'eſt-à-dire, que la ligne verticale du corps
tombe perpendiculairement ſur leur milieu ; ſe-
condement, il faut que la roideur ne faſſe rien
perdre du poids des cuiſſes & des jambes, qui,
attirant auſſi les feſſes par leur peſanteur, les
rendront d'autant plus immuables qu'elles feront plus d'effort ; auſſi voit-on que l'homme
en bottes fortes eſt plus lié à ſon cheval que celui qui eſt en bottes molles, ce qui prouve évidemment que toute force, détruiſant l'effet des
poids, s'oppoſe néceſſairement à la liaiſon de la
partie immobile. Les forces de preſſion que l'on
employeroit, deviendroient un obſtacle à ce que
l'aſſiette eut un appui continuel ſur la ſelle, car
la preſſion des cuiſſes les empêche moins de
remonter lors du choc des foulées, qu'elle ne
les empêche de redeſcendre, enſorte que la déſu-
nion s'augmente à chaque tems de trot, dans la
proportion de l'inégalité de la réaction à l'action.

Le ſeul principe de liaiſon à donner, eſt d'ob-

D iv

tenir toute la pesanteur de ses cuisses & de ses jambes, & de s'appliquer à détruire tout obstacle qui pourroit empêcher de retomber dans la selle sitôt après le choc.

C'est principalement dans cette allure du trot, que le commençant fera des progrès rapides, & ils le feront d'autant plus, qu'on ne se fera pas pressé de l'y faire passer.

On le jugera en état de trotter, lorsqu'au partir de son cheval il ne se roidira pas. Il parcourra au trot les mêmes lignes qu'il a parcourues au pas ; on l'y remettra plusieurs fois pendant la reprise, afin de lui faire connoître & sentir l'effet de ses opérations de jambes & de mains, dans ces changemens subits d'allures.

Il est très essentiel qu'à l'instant des à-droite, des à-gauche, ou des arrêts, il travaille des bras, en prenant son point d'appui aux épaules, & sans communiquer la moindre force au reste du corps, défaut assez ordinaire aux commençans.

L'élève acquérant habitude, solidité & confiance, ses cuisses feront bientôt allongées & sur leur plat, & elles se fixeront, à mesure que les muscles qui les garnissent s'applatiront en se relâchant.

On ne peut déterminer le tems qu'on laissera le cavalier à cette leçon ; il sera relatif à ses progrès, c'est au maître à les juger.

On lui fera décrire différentes lignes dans le manége, afin de le confirmer dans ses opérations de mains & de jambes, & l'on prendra aussi les changemens de mains par les demi à-droite & demi à-gauche, suivant les diagonales G G.

Il eſt tems alors de faire changer de cheval à l'écolier, & cela eſt facile, parceque l'on en inſtruit preſque toujours pluſieurs à la fois, mais, je l'ai déja dit, ce ne ſera jamais que des chevaux faits qui ſeront deſtinés à cette école, & l'avantage de ces changemens de chevaux n'eſt fondé que ſur la variété des allures plus ou moins douces.

On exigera alors que le trot ſoit franc & allongé, & ſi l'aſſiette conſerve une certaine immobilité, on permettra quelques tours de galop. Mais il ne s'agit point d'expliquer ici ni de faire étudier à l'élève l'accord qu'il doit mettre entre ſes mains & ſes jambes pour faire partir ſon cheval uni, ſoit ſur les pieds droits ſoit ſur les pieds gauches; ce ſont des opérations qu'il ne pourra comprendre que quand il ſera d'une certaine force, & aſſez uni & lié pour ſentir ce qui ſe paſſe ſous ſes feſſes & ſes cuiſſes. Nous traiterons de ces moyens dans la ſeconde partie, notre objet étant, dans ce moment, l'exacte union des deux machines.

On prendra donc l'inſtant où le cavalier ſera le plus lié à ſon cheval, & où ils ſeront l'un & l'autre le plus d'à-plomb, pour commander au galop. Le cavalier fermera ſes deux jambes également, en ſentant un peu plus la rêne de dehors que celle de dedans, & s'il eſt néceſſaire, le maître aidera en montrant ſa chambriere, & même en en attaquant légérement le cheval derriere la botte.

Le galop étant une répétition ſuivie de petits ſauts en avant, il eſt démontré que la ligne horizontale du corps du cheval change à chaque inſtant & devient oblique à ce même horizon, tantôt en enlevant le devant, lorſque les jambes de devant ſont en l'air, tantôt en enlevant le derriere lorſque les jambes de derriere ſont en l'air ; de ſorte que, dans l'exactitude géométrique, le plan horizontal qui ſert de baze à l'homme dans l'état de repos du cheval, devient un plan incliné dans le galop, mais il eſt évident que, quelque direction que prenne le corps de l'animal, lorſque quelques unes de ſes jambes quittent terre, la ligne verticale par laquelle paſſe ſon centre de gravité reſte toujours perpendiculaire à l'horizon, & nous avons démontré que, pour que le corps de l'homme reſtât en équilibre ſur celui du cheval, il falloit que les deux lignes verticales de ces deux corps fuſſent toujours confondues en une ſeule & même ligne droite ; il s'en ſuit donc qu'il faut que le corps de l'homme reſte toujours perpendiculaire à l'horizon : ſi le corps de l'homme étoit d'une ſeule piece, comme une verge inflexible A B (*planche* 2. *fig.* 2.), lorſque la direction de ſa baſe C D viendroit à changer en C K, A viendroit néceſſairement en F, pour lors ſon centre de gravité O tomberoit en P, à moins qu'une force O G, ou toute autre, ne détruiſit l'effet de la peſanteur.

La force O G eſt la tenue à la main que prennent ordinairement ceux qui ſe renverſent à cheval, c'eſt-à-dire, ceux qui ne conſervent pas leur corps dans la direction A B. Mais le corps de l'homme n'étant pas inflexible, & ayant une charniere dans ſes *vertèbres lombaires* qui lui permet de le mettre ſoit en avant, ſoit en arriere, elle doit être très-moëlleuse, afin que le corps change à chaque inftant par rapport à fa bafe, & jamais par rapport à l'horizon.

C'eft au galop que la divifion de l'homme en trois parties, deux mobiles & une immobile, eft la plus apparente, puifque l'immobile, liée & emportée par le cheval, fuit fes mouvemens & fes nouvelles directions, au lieu que les fonctions des deux mobiles font de varier fans ceffe, afin de conferver l'équilibre de la machine entiere; les plis des genoux étant parfaitement lâchés, les jambes auront à chaque inftant la pofition que prendroient d'eux mêmes des étriers pefans fufpendus à des fils, c'eft-à-dire, que la jambe formera avec la cuiffe un angle d'autant plus aigu, que le devant du cheval fera plus enlevé.

Il eft donc effentiel, dans cette allure du galop, de recommander fans ceffe au cavalier de rendre fouples & moëlleufes fes charnieres des reins & des genoux, car fi ces deux parties ceffoient un inftant leurs fonctions, l'équilibre feroit perdu.

Les premieres fois que le cavalier galopera, on le remettra toujours au trot pour le faire changer de main, & repartir fur la ligne droite, par les mêmes moyens que nous avons indiqué plus haut.

Il ne faut demander au commençant que la régularité de fa pofture, & l'on doit s'en tenir à cette leçon, jufqu'à ce qu'on juge que fes cuiffes & fes jambes ont pris le degré de tenfion & de lâché qu'elles doivent avoir.

Troisieme leçon.

Il est tems de permettre au cavalier l'usage des étriers, des éperons & de la bride.

Il sera aisé de fixer la longueur des étriviéres, ou porte-étriers, puisque le cavalier est supposé avoir acquis le degré de tension dont ses cuisses sont susceptibles ; il les chaussera de maniere que le gros de son pied porte sur la grille, pour lors le talon, qui se trouvoit plus haut que la pointe du pied, deviendra plus bas d'environ un pouce, & la grille de l'étrier se trouvera supporter le poids de la jambe.

En se ressouvenant de l'utilité & de la nécessité du poids des jambes, pour concourir à l'équilibre de la machine, on doit sentir combien il est essentiel que les étriers ne soient pas trop courts, car dès lors il est évident qu'ils anéantiroient l'effet de la pesanteur des jambes, par rapport à leur traction sur les genoux. C'est au froncement qui se fera sur les cols de pieds du cavalier, & au baissement de ses talons, qu'on jugera du trop grand raccourcissement des étrivieres.

L'inconvénient des étrivieres trop longues n'est pas moins grand que celui des étrivieres trop courtes, puisque le cavalier ne peut alors faire porter ses pieds sur la grille, qu'en la cherchant, en baissant & appuyant les pointes ; alors les talons lèvent, les jambes se roidissent, l'étrier ne porte rien, & est perdu au moindre contre-tems qu'éprouve l'homme.

Les étrivieres trop longues ou trop courtes sont donc deux défauts essentiels, qui contrarient la pofition & dérangent l'équilibre , la grace & la tenue du cavalier.

Il eft plus commun de voir des étrivieres plutôt trop longues que trop courtes ; cela eft une fuite des principes que donnent certains maîtres , qui , fans avoir jamais raifonné leur art , prétendent que le corps, les cuiffes & les jambes doivent être fur une feule & même ligne.

Le cavalier armera fes talons d'éperons. Ils doivent être fixés au talon de la botte , la molette directement fur la couture , l'axe de la molette doit être horizontal à la terre , & non perpendiculaire, comme quelques perfonnes les portent, parceque, ainfi placés, lorfqu'on s'en fert ils déchirent & ne piquent pas.

Les éperons doivent être placés bas , parceque le cavalier en fera plus fûrement maître , & qu'il eft des occafions, par exemple dans l'efcadron, où fes jambes étant preffées, fi fes éperons étoient hauts , ils porteroient involontairement.

Nous avons déja parlé de la maniere de fe fervir des éperons , nous en parlerons encore dans la feconde partie, comme d'un moyen propre à donner aux jeunes chevaux la connoiffance des aides.

L'élève a dû comprendre jufqu'ici les différentes opérations de fes mains par rapport au cheval , & connoître l'effet de fes rênes, qu'il tenoit féparément ; la pofition de fa main gauche, tenant les rênes de la bride , lui a été expliquée fur le cheval immobile, ainfi que l'ufage de fa main droite, tenant le petit bridon appelé filet. Il fuffit ici de favoir que les opérations indiquées produifent les effets que l'on demande , & ce ne peut être que dans la seconde partie, en parlant des mouvemens de l'animal, que nous en prouverons mécaniquement la sûreté.

L'élève travaillera ainsi dans le manége découvert, aux deux mains sur toutes les lignes, &, sur les trois allures, il pratiquera les opérations des mains & des jambes indiquées pour tenir son cheval droit & dans un train égal. Deux choses principales doivent devenir l'objet de son attention particuliere, savoir, la fixation & justesse de sa main gauche, & la pesanteur de ses jambes conservées sur ses étriers dans l'instant où elles se ferment.

Les étriers deviennent une espece de balance, qui sert à avertir le cavalier du déplacement de son corps, ou de la roideur de quelques-unes de ses parties, &, au bout de quelques jours, ils lui donnent le sentiment d'une justesse qu'il n'avoit pas encore connue.

Je termine ici tout ce que je peux dire sur la position & sur les fonctions de chaque partie du corps de l'homme à cheval ; c'est en conservant cette posture, & en faisant mouvoir ses parties mobiles selon les loix indiquées, qu'il parviendra à subjuguer & maitriser le cheval le plus ardent, & en tirer des services incroyables, que n'en obtiennent jamais ceux qui en ignorent l'art.

Du cheval.

Avant de passer aux leçons de cette seconde partie, jettons un coup d'œil sur l'espece & la qualité des chevaux que l'on vient offrir aux écoles & destiner au service ; ce n'est plus ces poulains fiers, gais & vigoureux éleves de la nature, ce font des animaux lâches, triftes, mous & défigurés, portant déja toutes les marques de la domefticité, & le plus fouvent même mutilés par la cruelle ignorance de leur maître.

On oublie que l'éducation de nos haras doit imiter celle de la nature; on y méprife fes loix fi fimples & fi fûres, pour recourir à des méthodes confacrées par une antique ignorance, ou plus malheureufement encore par les frivoles raifonnemens de l'art conjectural de l'hypiatrique. Auffi, que de fujets tárés, que de poulains déprifés fortent de ces établiffemens élevés à grands fraix. (1) L'homme aura beau raifonner, tant qu'il cherchera à corriger la nature au lieu de l'écouter, de la fuivre & l'aider, il fera dans le chemin de l'erreur.

Nón-feulement nous fommes en faute envers la nature dès la copulation du mâle & de la femelle, mais même avant, par le choix que nous faifons des peres & des meres dont on veut tirer de la race. La figure & la taille de l'étalon font les deux feuls objets qui nous occupent. L'âge eft compté pour rien; il fuffit qu'il puiffe fervir pour qu'on n'y faffe aucune attention [2]; fes qualités, fa vigueur, fon épuifement, toutes

---

[1] Le haras du Roi ne fournit que très-peu de chevaux à fes écuries : on n'a pas vu dix beaux chevaux fortir du haras de R . . . . en Lorraine.

[2] Il y a, au moment où j'écris, un cheval au haras du Roi, qui a été acheté 5000 liv.; il eft aveugle & a plus de vingt ans.

ces choses ne sont point remarquées ; elles sont pourtant plus essentielles que la figure, car nous rencontrons à chaque pas de beaux & mauvais chevaux ; mais, je veux que l'étalon soit bien choisi, qu'il ait toute la vigueur & les qualités requises, le service du haras en fera indubitablement en deux ans un fort mauvais cheval, qui ne produira plus qu'une quantité de rosses. Pour entretenir cette vigueur, qui doit être transmise à sa race, il faut que le cheval mêne une vie qui la lui conserve, le travail lui est particuliérement nécessaire ; cependant, dans tous nos haras, il n'en fait point, car on ne peut donner ce nom à quelques tours qu'on lui fait faire une fois ou deux par semaine au bout d'une longe & sans être monté ; le cheval ainsi gouverné peut à juste titre perdre le nom de cheval, car il n'en a plus les qualités, pour prendre celui d'étalon ; aussi le degré de leur valeur est-il toujours mesuré par la quantité de jumens qu'ils sont en état de saillir chaque saison, & par la promtitude avec laquelle ils servent les jumens qu'on leur présente. Echauffé par les alimens, provoqué par les jumens qu'on met auprès d'eux, ils semblent acquérir tous les jours plus de qualités pour la génération, mais l'art est ici en défaut, la nature est toujours la même, elle perd indubitablement en qualité ce qu'elle paroit gagner en quantité.

Les anglois, plus amateurs & plus vrais connoisseurs que nous en chevaux, nous donnent à cet égard un exemple qui devroit pourtant nous frapper ; ils recherchent avec grand soin les étalons qui se sont distingués dans les cour-

ses,

ses, ils achettent à des prix extraordinaires la per-
mission de faire saillir de bonnes jumens par
ces chevaux; aussi rarement l'effet trompe-t-il
leur attente; si le poulain arrive à l'âge de 5
ans sans accident, il leur regagne ordinairement
bien au-delà de ce qu'il coute. Il est indubita-
ble que les qualités se perpétuent, elles de-
vroient donc déterminer dans le choix des peres. (1)

L'on est encore moins délicat sur les meres;
pourvu qu'elles aient un bon coffre, c'est à-
peu-près la seule qualité qu'on recherche, sont-
elles vicieuses, tarées, lâches & molles, estro-
piées même? c'est au haras qu'on les relègue;
il est rare d'y voir des jumens qui n'y aient pas été
envoyées pour quelqu'unes de ces causes: on
les fait servir par un étalon frais, ou fatigué,
pourvu qu'elles retiennent, c'est tout ce qu'on
demande. Pendant le tems de la portée, il n'est
point question de l'exercice de la jument; en-
chaînée dans une écurie quelquefois trois mois
de suite, d'autres fois tourmentée par un travail
qui l'échauffe, souvent mal nourrie; enfin, elle

---

[1] Les amateurs de chevaux se multiplient en
France, c'est à l'exercice des courses que nous sommes
redevables de ce goût, & des connoissances qu'acquié-
rent tous les jours nos princes, & de riches particuliers qui peuvent se donner le délicieux plaisir d'élever
le plus beau & le plus utile des animaux : c'est aux
soins & aux connoissances de MM. le Voyer, de Con-
flans, de Brige, &c. que nous devons cette petite
quantité de superbes étalons qui sont aujourd'hui en
France.

met bas, & donne presque toujours un poulain qui n'a pas même la figure de son pere. Ces animaux ne font pas plutôt nés, qu'on leur circonscrit un terrein, dont les bornes étroites ne permettent pas à leurs corps & à leurs membres de faire de l'exercice & de se développer; c'est ordinairement le cercle juste qui est absolument nécessaire à la nourriture de la mere, nourriture mal saine, par cela même qu'elle est renfermée dans un trop petit espace, qui ne lui permet pas de la choisir.

C'est dans ce régime de vie que l'on entretient le poulain, jusqu'à ce que, quittant la mamelle, on le sépare, on l'enchaîne à l'écurie; ou, s'il reste dehors, des cordes, des chaînes même, lui lient les jambes, de peur qu'il ne les exerce: c'est peu encore de s'opposer au développement de la nature, il faut que la plus cruelle des opérations vienne l'étouffer : à dix-huit mois on coupe le poulain, c'est le détruire avant qu'il soit né : aussi, dès cet instant, porte-t-il tous les signes de la foiblesse qu'il conservera pendant sa vie, l'encolure cesse de grossir, les muscles ne prennent point ces formes quarrées & dessinées qui annoncent la vigueur du mâle, les poils sont longs, il en reste beaucoup aux jambes, les crins, au lieu de devenir lisses, brillans & ondulés ressemblent à des étoupes : enfin, l'âge de le vendre arrive, & l'on nous amène ces bringues défigurées pour nous remonter. Ne reviendrons nous jamais de cette ancienne & bizarre méthode Européenne, de hongrer les chevaux, & de détruire ainsi la moitié de leur force & de leur courage ? L'expé-

rience a beau nous démontrer tous les jours
qu'il n'y a que les chevaux entiers capables de
faire ces travaux exceſſifs du roulage des poſ-
tes, des rivieres &c. ; pour le metier de la guerre,
qui ne demande pas moins de force & de réſiſtance, nous ne nous ſervons que de chevaux
hongres, parceque d'anciens préjugés nous font
ſuivre une ancienne routine : que d'accidens,
dit-on, il arriveroit ? mais en Perſe, mais en
Arabie, où ce barbare uſage eſt inconnu & plus
près de nous encore, la cavalerie Eſpagnole,
comment fait-elle ? ſes chevaux ſont-ils d'un
autre acabit que les nôtres, ſont-ils moins propres à la génération ? cependant on les contient,
on les maîtriſe, & il n'y a pas plus d'accidens, pas
plus de jambes caſſées en Eſpagne qu'en France.
Mais, pour prouver qu'il y a ſur cet objet autant de préjugés que de raiſon, il y a vingt ans
que l'on n'auroit pas oſé, dans Paris, atteler ſon
caroſſe de chevaux entiers, on diſoit auſſi, que
de riſques à courir ſi l'on rencontre des jumens ?
aujourd'hui il n'y a point de femme qui ne
monte avec ſécurité dans un caroſſe attelé de
chevaux entiers ; & point de cocher qui ne ſe
range dans une cour d'hôtel ou de ſpectacle
avec confiance, à ſon tour, & ſans s'embarraſ-
ſer ſi la voiture qui l'avoiſine eſt attelée de jumens. Ne voit-on pas chez le roi, & dans toutes les académies, ces chevaux les uns à côté
des autres, tranquiles dans les rangs ou filés des
repriſes de manège, quoiqu'ils ſoient les trois
quarts du tems montés par des enfans ou des
jeunes gens, qui n'ont nulle habitude des chevaux. Quelle objection reſtera-t-il donc à faire ?

E ij

Les troupes voyagent & rencontrent des jumens.
Je répons. En vous servant de chevaux entiers,
vous multiplierez bientôt l'espece , & la con-
sommation deviendroit moindre , parce qu'ils
resisteroient davantage à la fatigue. Les jumens
seroient presque toutes reléguées chez le culti-
vateur ou dans les haras. D'ailleurs, les Espa-
gnols ne voyagent-ils pas ? les roulliers ne pas-
sent-ils pas leur vie sur les grands chemins &
dans les auberges, & ne rencontrent-ils jamais de
jumens ?

Tel est l'empire de l'habitude, que les refor-
mes ou les projets les plus simples & les plus
utiles sont dédaignés ou tournés en ridicule.
Avant le maréchal de Saxe, on croyoit impossible de faire marcher l'infanterie ensemble & alignée ; on faisoit battre des marches qui ne ser-
voient qu'à faire du bruit & à s'étourdir. Il fut
le premier qui dit qu'il falloit la faire marcher
en cadence ; cela étoit si neuf, qu'il prévint qu'il
paroîtroit extravagant en faisant une pareille
proposition : il en est de même, je paroitrai peut-
être extravagant, mais j'opinerai, pour que la
cavalerie soit montée sur des chevaux entiers,
qu'elle soit exercée tous les jours, qu'elle entre-
prenne des marches qu'on appelle aujourd'hui
forcées, & qu'on l'habitue à passer les plus mauvais pas, & même à sauter & franchir des obstacles qui l'arrêtent actuellement.

Mais revenons aux causes secondes de la foiblesse de notre cavalerie : le cheval, livré à l'é-
cuyer, ne tombe que trop souvent entre des
mains barbares, qui achèvent sa destruction :
rien de si dangereux qu'un artiste ignorant. Il

se trompe avec méthode, & s'égare avec entêtement ; telle est une grande partie des gens qui font le métier de dresser des chevaux ; incapables, pour la plupart, de donner des définitions justes des opérations les plus simples de l'art qu'ils veulent professer. Qu'on ouvre nos traités d'équitation, & l'on verra partout la nature forcée & contredite ; que de milliers de chevaux estropiés & usés, avant d'en trouver un capable d'exécuter les singeries que nous ont fait dessiner MM. de Neucastle & de la Gueriniere &c., sous les noms baroques de *passades*, *Terre-à-terre*, *pesades*, *Mezair*, *Balotade*, *pas & le saut*, *salcades*, *Répolon* [1] &c. &c. &c. C'est de ce Jargon minutieux dont je prétens sur-tout me préserver dans mon école ; les chevaux ne connoîtront point d'allures artificielles, & j'appliquerai toutes les ressources de l'art à perfectionner celles que la nature leur a données.

Afin que rien ne nous échappe, & pour suivre la même marche dans cette seconde partie que dans la premiere, nous supposerons un cheval à dresser, & qui sera censé être entre les mains d'un homme de cheval, duquel nous décrirons la façon de se conduire, pour parvenir surement à son bût.

L'art de dresser les chevaux.

Nous avons dit qu'on appelle *cheval dressé*, ou *mis*, celui qui connoit les intentions du ca-

---

[1] Voyez chacun de ces mots dans l'Encyclopédie ainsi que celui d'*Air*, par M. Eidous.

valier au moindre mouvement, & y répond auſſi-
tôt avec juſteſſe, légéreté & force.

L'action méchanique des bras & des jambes
de l'écuyer, ſur un cheval, n'eſt pas ſuffiſante
pour le dreſſer & lui donner légéreté, ſageſſe
& force. Il faut que pluſieurs ſoins raiſonnés
concourent à ce but. Suppoſons un cheval entier, ſain, fort, & vigoureux, tel qu'il en ſort
encore des haras d'Eſpagne, ou des forêts des
Pyrenées. Ce n'eſt que par degrés qu'il faut le
faire paſſer au nouveau genre de vie auquel il
eſt deſtiné : accoûtumé juſqu'à l'âge de quatre
ans & demi, cinq ans, à la liberté des prairies,
c'eſt preſque toujours avec déſeſpoir qu'il ſe
voit enchaîné dans une écurie ; l'inaction où il
ſe trouve, le changement ſubit de ſes alimens,
doivent opérer une révolution dans ſa nature,
dans ſon humeur & dans ſes forces : il faut donc
éviter les inconvéniens qui doivent naturellement s'en ſuivre. Il reçoit les premieres leçons
de ſageſſe & de douceur du palfrenier aux ſoins
duquel il eſt confié : c'eſt à l'écurie où l'on
doit le préparer aux leçons du manège ; il n'eſt
pas indifférent qu'il ſoit confié aux ſoins d'un
homme doux, ou brutal ; tout ce qui peut entretenir la ſanté & la vigueur du cheval, tel que
le panſage, la nourriture règlée &c. doit être pratiqué avec une exactitude ſcrupuleuſe ; il ne ſuffit pas que ceux qui ont ſoin des chevaux les ai-
ment, il faut qu'ils ſoient forts, adroits, & accoutumés à les manier ſans les craindre ; car on
les rend vicieux par timidité & par mal-adreſſe
auſſi ſouvent que par brutalité : je m'arrête ſur
toutes ces recommandations, quelques minutieu-

ſes qu'elles puiſſent paroître , parceque l'expérience m'a appris combien elles étoient eſſentiel-
les, & que,remontant aux cauſes des vices que l'on
rencontre ſi communément dans les chevaux,
j'ai trouvé qu'ils provenoient ſouvent de ſoins
mal entendus , & mal donnés ; c'eſt une raiſon
pour ne jamais donner un cheval neuf à un recrue.

Autant il y a de principes différens pour être
placé à cheval , autant il y a de méthodes différentes pour dreſſer les chevaux , mais il en eſt
une auſſi , la meilleure de toutes , ce ſera celle ,
qui , par les principes les plus ſimples , s'écartera
le moins de la nature. D'après ces méthodes,
multipliées preſqu'autant que les maîtres , il
n'eſt pas étonnant de voir un cheval bien mené
par un écuyer , & fort mal par un autre , qui
quelquefois eſt plus ſavant. Il eſt certain , par
exemple, que ſi l'on accoutume un cheval à
tourner à-droite par la rêne gauche , & à-gauche
par la rêne droite, comme le veut M. Bourgelat ,
& qu'un autre écuyer exige de ce cheval de tourner à-droite par la rêne droite & à-gauche par
la rêne gauche, ce dernier trouvera néceſſairement l'animal rétif ; & il ſoutiendra qu'il ne ſait
rien, quoiqu'il ſoit fort inſtruit à obéir à un autre ſignal. [1]

Le cheval s'habitue au cavalier qui le mon-

---

[1] Les chevaux s'habituent à la leçon qu'on leur
donne ; un homme de cheval fait partir ſon cheval
avec ſes jambes , l'arrête avec ſes mains , & un poſtillon
fait partir ſon cheval avec ſes mains.

te ; il s'accoutume même à sa fausse posture, voilà d'où vient qu'on voit souvent un homme mal à cheval, *bien mener*.

Un cheval bien mis doit être mené par tout homme droit à cheval, & qui sait se servir de ses mains & de ses jambes.

Nous allons montrer, que la position que nous avons donnée au cavalier, la plus commode pour lui, a encore l'avantage d'être la plus favorable à l'animal, c'est-à-dire, celle dans laquelle le fardeau de l'homme lui est le moins incommode, & lui laisse par conséquent le plus d'usage de ses forces & de liberté pour agir.

Mettons un cheval en liberté, & examinons ses mouvemens & ses allures, la nature une fois connue, nous servira de loi.

Du mouvement & de la marche du cheval.

Il est nécessaire de connoître les différens mouvemens d'un corps, dont tout notre art se borne à faire mouvoir les ressorts avec justesse ; examinons dans ses jeux les plus simples les loix les plus exactes de la mécanique.

On peut considérer le corps du cheval comme une machine soutenue par quatre colonnes, dont le centre de pesanteur tombe toujours dans leur milieu proportionnel. Dans l'état de repos, le poids du corps de l'animal doit être reparti également sur les quatre colonnes, & c'est aussi ce que j'appelle un cheval rassemblé. Dans l'état de mouvement, le poids de l'animal est soutenu par les colonnes qui se trouvent posées à terre. Il est donc es-

fentiel que le centre de pefanteur du cavalier fe
trouve perpendiculaire fur celui du cheval ; parce qu'alors, ces deux poids n'en formant plus
qu'un, il fe repartit proportionnellement fur les
jambes du cheval, & le gêne le moins poffible.

On a toujours regardé les quatre colonnes
de cette machine, ou les quatre jambes du cheval, comme le principe du mouvement ; & comme dans la marche de l'homme, on a prétendu
que les jambes commençoient à fe porter en
avant, & que le corps venoit enfuite fe repofer
deffus lorfqu'elles étoient à terre.

Heureufement la mécanique, fcience démonftrative, & confultée trop tard, nous a fait voir
notre erreur ; on eft convaincu aujourdhui qu'un
petit poids ne peut en attirer un gros, mais qu'au
contraire, il eft naturel qu'un gros en attire un
petit. En recherchant d'ailleurs le principe du
mouvement des corps, on a vû qu'il étoit dans
le centre de gravité.

Il eft même étonnant, que, fans la mécanique,
on ne fe foit pas apperçu du mouvement naturel de la marche ; il n'y a qu'à voir un homme
marcher avec viteffe, ou courir [1], on s'appercevra bien que c'eft fon corps qui entâme le
chemin, & qu'il dépaffe de beaucoup fes jambes,
qui paroiffent ne faire que fuivre, & qui ne font
effectivement que venir foutenir le corps pendant qu'il chemine. Pourquoi voit-on quelquefois un homme tomber en courant ? c'eft parce-

---

(1) Cela exifte dans les mouvemens lents, comme
dans les vifs, mais plus imperceptiblement.

que fes jambes n'ont pas affez de vivacité pour venir foutenir fon corps, qui part toujours le premier.

Examinez bien le cheval en repos & d'à-plomb, & excitez le doucement à fe porter en avant, ayez les yeux fur l'avant - main , vous la verrez d'abord fe mouvoir ; puis , comme fi elle entraînoit les jambes , vous les verrez venir fe pofer fous le cheval, & ce fera le chemin plus ou moins confidérable qu'il aura fait de fon corps , qui déterminera la jambe à fe porter plus ou moins en avant. Voilà le véritable principe du mouvement [1] ; & , quelqu'extraordinaire qu'il paroîtra d'abord , à ceux qui étoient accoutumés à croire que les jambes mettoient le corps en mouvement , & le faifoient primitivement marcher , pour peu qu'ils réfléchiffent ; & qu'ils faffent attention à ce que l'expérience leur démontre fans ceffe , ils s'appercevront bientôt de leur erreur.

Tout mouvement doit avoir un objet : fi le cheval chemine , c'eft pour fe tranfporter d'un endroit dans un autre , & fi le cavalier l'y excite, c'eft pour arriver à fon bût : c'eft le mouvement que le cheval fait pour fe tranfporter d'un endroit dans un autre que l'on nomme *Marche.*

D'après l'objet de la marche , on voit de quelle

---

(1) C'eft toujours par leur centre de gravité que les corps fe meuvent & lorfqu'on veut mouvoir un corps , c'eft toujours fur le centre de gravité qu'il faut appliquer les forces.

façon elle doit s'exécuter : nous favons que le plus court chemin d'un point à un autre eft la ligne droite, & que le mouvement le plus natu- rel, à un corps qui a reçu une impulfion, c'eft de fe mouvoir uniformément, & dans la direc- tion de la force qui l'y a mis.

Dans la marche, le corps de l'animal doit donc fe mouvoir directement, c'eft-à-dire, toujours en ligne droite; c'eft auffi celui dont les jam- bes s'écartent le moins de cette direction qui marche le mieux,

Ne confiderons dans tous les mouvemens que le point pris pour centre de pefanteur ; le cen- tre de pefanteur ou de gravité, mis en mouve- ment, ne peut fe mouvoir qu'à une certaine portée, à la même hauteur & fans fe baiffer ; & lorfqu'il y eft parvenu, c'eft le terme du fou- tien que les jambes peuvent lui donner fans bouger ; pour lors, elles font obligées de changer de place, & de venir reprendre fous lui la même pofition qu'elles avoient avant, afin de lui re- nouveller la facilité de recommencer fon mouve- ment ; c'eft ainfi que fe meut & continue de fe mouvoir l'animal, dont tous les mouvemens font tellement fuivis les uns des autres, que l'oëil le plus attentif ne les diftingue qu'avec peine : ces mouvemens fucceffifs, du centre de pefanteur & des jambes, doivent avoir un ac- cord & une fucceffion parfaite, fans lefquels le cheval ne feroit plus d'à-plomb, & courroit rif- que de tomber.

Il eft néceffaire fur-tout que les jambes ne fe rallentiffent pas, qu'elles ayent toujours la même gradation de vîteffe que le corps, ou le centre de gravité, & qu'elles travaillent toujours par le plus court chemin.

C'eft au cavalier habile, à compaffer les mouvemens de fa main qui doivent rallentir la maffe, & la quantité des aides qui doivent accélérer l'action des jambes; car s'il n'a pas le fentiment de cette exacte compenfation, que l'on appelle *l'accord des mains & des jambes*, il lui eft impoffible de mettre un cheval d'à-plomb & de le raffembler [1].

D'après ce principe du mouvement, bien reconnu, continuons à confidérer le cheval comme une maffe, dont le centre de gravité doit toujours tomber dans le milieu proportionnel des jambes, qui pofent à terre; & toutes nos opérations ne s'exécuteront que fur ce centre de gravité, que nous chercherons à mouvoir avec juft   ffe & fureté.

Le cheval a différentes manieres de fe mouvoir avec plus ou moins de célérité, ce qui le rend fufceptible de différentes allures; il en a trois, dittes allures naturelles, favoir, le pas, le trot, & le galop. J'appelle ces allures naturelles, pour les diftinguer d'avec d'autres que les chevaux n'ont jamais naturellement, mais qu'ils prennent quelquefois, par la maniere dont on les mène, telles que *l'amble*, *le haut pas*, *le traquenard* &c. Dans ces allures factices, le cheval

---

[1] C'eft-à-dire, de mettre le poids du corps du cheval fur le milieu proportionnel des jambes pofant à terre.

a moins d'à-plomb , & n'eſt point en force ; auſſi
s'uſe-t-il infiniment plutôt. Il eſt cependant des
Bidets en Bretagne & en Normandie , que l'on
appelle chevaux d'allures , qui font beaucoup de
chemin avec ces manieres de marcher. Mais ces
chevaux font rares , & il faut qu'ils ſoient excellens , pour ſoutenir ce train , dont nous ne parlerons pas davantage , puiſqu'il n'eſt connu
que des chevaux de payſans , qui ne changeront
certainement pas leur uſage , & qui auroient
même tort de le changer , puiſque ces chevaux
font fort eſtimés parmi eux.

Du pas.

Le pas eſt de toutes les allures du cheval la
plus lente , & celle qu'il peut ſoutenir le plus
long-tems de ſuite : dans cette allure , il n'a qu'une
jambe en l'air à la fois , & leur mouvement ſe
ſuccede diagonalement ; je m'explique , la maſſe
du cheval , une fois en mouvement , ne pourroit
plus ſe ſoutenir ſi elle n'étoit ſecourue : une
jambe de devant , la droite , par exemple [*planche* 6. *fig.* 1.] ſe lève , & va ſe poſer en avant ,
& perpendiculairement au deſſous de l'épaule
droite ; en même tems que le pied droit de devant ſe poſe à terre , le pied gauche de derriere ſe lève , & ſe trouve tout-à-fait levé , au moment que le droit de devant eſt tout-à-fait poſé ;
le pied gauche de derriere , une fois en l'air , va
ſe poſer en avant , plus ou moins , de façon qu'il
puiſſe donner un juſte ſupport au centre de
gravité du cheval ; en même tems que le pied

gauche de derriere se pose, le pied gauche de
devant se lève, de façon que ce pied se trouve
tout-à-fait en l'air, en même tems que l'autre
est tout-à-fait posé ; il va de même se poser en
avant & perpendiculairement au dessous de l'é-
paule ; lorsqu'il pose à terre, le droit de derriere
se lève, & va se porter comme le gauche de derriere, assez en avant pour aider à soutenir le
centre de gravité ; puis, lorsqu'il le pose, le droit
de devant se lève, & ainsi se reperpétuent sans
cesse ces quatre mouvemens, qui sont très-suivis,
& doivent être très-égaux entr'eux, la masse
devant toujours cheminer.

On voit par ce détail, que, dans le pas, la
masse de l'animal, ou son centre de gravité, n'est
jamais soutenu que par trois jambes, sur les-
quelles il se meut continuellement, que ses jambes se lèvent & changent entr'elles, en proportion de la vîtesse de la masse. On voit aussi
que le mouvement des jambes se succède diagonalement, c'est la seule maniere dont le cheval puisse conserver sa solidité ; puisqu'une jambe doit être déchargée, avant que celle qui est
en l'air soit tout-à-fait posée, les deux points
d'appuy qui restent, étant dans la diagonale,
sont dans la position la plus forte & la plus favorable pour soutenir la masse.

Le pas a différens degrés de soutien & de
vîtesse ; il est plus ou moins écouté & allongé ;
nous aurons occasion d'en reparler dans nos leçons, où cette allure sera regardée comme la plus
avantageuse, & celle dont un habile maître
doit se servir pour finir & perfectionner un

cheval [1]; je veux dire pour lui donner la
fineffe de la bouche & des jambes.

Du trot.

L'allure du trot eft beaucoup plus vive que
celle du pas; elle en tire fon origine, fi l'on hâte
le cheval au pas, on voit diftinctement fes mufcles dorfaux & lombaires fe raccourcir, les angles de l'arriere-main s'ouvrir avec force, & la
maffe fe porter en avant avec beaucoup plus
de célérité; les jambes du cheval s'enlevent
auffi avec beaucoup plus d'action, pour venir
au fecours de cette maffe, & la fupporter. Auffi
l'expérience nous fait-elle voir, que nombre de
chevaux pareffeux bronchent au pas, & fe fou-
tiennent très-bien au trot.

Le mouvement fucceffif des quatre jambes
ne pourroit être affez promt pour le foutien de
la maffe; auffi le cheval a-t-il deux jambes en l'air,
& deux à terre, qui, étant placées diagonalement,
fuffifent pour foutenir la machine en équilibre,
pendant que les deux autres cheminent, & fe
relevent mutuellement [2]. Ces quatre jambes

---

(1) Le fameux M. de Luberfac ne fe fervoit que
du pas pour dreffer fes chevaux, il s'en emparoit fitôt
qu'ils étoient ce qu'on appelle *débourrés*; il les montoit
pendant dixhuit mois, ou deux ans, toujours au pas,
& quand, au bout de ce tems, il les mettoit fous fes
plus forts écoliers, ils étoient tous étonnés de trouver
à ces chevaux le paffage le plus cadencé & la galoppade la plus écoutée & la plus jufte.

(2) Dans l'amble, les deux jambes du même côté
forment un bipéde; pendant que l'un eft l'air, la ma.

forment deux bipèdes, favoir, la jambe droite
de devant, & la jambe gauche de derriere, l'un;
& la jambe gauche de devant & la jambe droite
de derriere, l'autre.

C'eft fur ces deux bipèdes que fe meut continuellement le centre de gravité, qui chemine
toujours en ligne droite. [*Pl. VI. fig. III.*]

Cette allure eft très-vive, & embraffe beaucoup de terrein; lorfqu'elle eft allongée, tous
les mufcles y font dans un grand jeu, c'eft
ce qui la fait regarder comme très-propre à
affouplir & fortifier les jeunes chevaux. Par la
pofition des bipèdes, le corps de l'animal y conferve aifément fon à-plomb; c'eft ce qui la
rend auffi moins fatigante pour lui. Il me
refte beaucoup de chofes à dire fur cette allure,
mais j'aurai occafion d'y revenir dans les leçons
qui fuivront, & alors je ferai plus à même d'ê-
tre entendu.

Le

---

chine eft vifiblement en danger de tomber; car il faut,
pour que le cheval puiffe marcher, qu'à l'inftant, par
exemple, où le bipéde droit eft en l'air, tout le poids
de fon corps faffe un mouvement à gauche pour fe
mettre en équilibre fur le bipéde gauche, puifque,
lorfque le bipéde gauche fe lève, il faut que le poids
du corps fe jette fur le droit. *Planche 6. Fig. 2.* Le
bercement, dans cette allure, eft contraire au premier
principe du mouvement, qui eft, qu'un corps y étant
mis doit fe mouvoir en ligne directe, & uniformément
à l'impulfion qu'il a reçue. Si quelques corps étrangers
viennent à rencontrer les jambes & à occafionner un
bercement un peu plus confidérable, le cheval tombe
du côté du dehors, où il n'a rien qui le foutienne;
cette allure doit donc être rejettée, & regardée comme
fauffe & pernicieufe.

Du galop.

Le cheval au pas n'a qu'une jambe en l'air ;
au trot, il en a deux en l'air & deux à terre :
au galop, il est un instant où les quatre sont
en l'air, c'est pourquoi cette allure peut être
considerée comme une répétition de sauts en
avant, qui s'opèrent, non seulement par l'action
des muscles dorsaux & lombaires, mais encore
par l'ouverture des angles de l'arriere-main, ou
le chassé des parties postérieures, qui, à chaque
tems de galop, se rapprochent plus ou moins
de la ligne verticale du centre de gravité, &
enlèvent plus ou moins la masse ; cette allure
est très-fatigante pour le cheval, & son usage
trop fréquent ruine la machine entiere ; les jarrets sur-tout en souffrent infiniment, si le cavalier n'a pas ce tact qui forme l'accord des
mains & des jambes ; il est clair, par exemple, que si dans l'instant où les angles des parties de derriere s'ouvrent pour chasser la masse,
le cavalier forme un tems d'arrêt, il rejette le
poids du corps de l'animal sur des parties qui
ne peuvent le supporter, & qu'il force & ruine
indubitablement les jarrets de son cheval : ceci
bien reconnu, il est aisé de voir combien le galop est pernicieux à une troupe ; puisque, dans
l'escadron, le cavalier est obligé de regler le travail de sa main sur les commandemens qui lui
sont faits, ou pour entretenir son alignement,
& que ces tems d'arrêt ne peuvent presque jamais s'accorder avec l'allure de son cheval.

Quand le cheval marche à-droite, il doit galopper sur les jambes droites ; & quand il mar-

che à-gauche, fur les jambes gauches; quand on mène un cheval droit devant lui, en plaine ou ailleurs, ce doit être alternativement & également fur les deux jambes.

Un cheval galoppe fur les pieds ou jambes droites, quand la jambe droite de devant, & la jambe droite de derriere dépaffent les jambes gauches. [*Pl. VI. fig. IV.*]

Un cheval galoppe à gauche quand les jambes gauches dépaffent les jambes droites. [*Pl. VI. fig. V.*]

Un cheval galoppe faux, quand, marchant à-droite, il galoppe fur les pieds gauches, ou que, marchant à-gauche, il galoppe fur les pieds droits.

Un cheval eft défuni quand ce ne font pas les deux jambes du même côté, qui dépaffent les deux autres, c'eft-à-dire, quand il galoppe fur le pied droit de-devant & fur le gauche de derriere, ou fur le pied gauche de devant, & fur le pied droit de derriere [*Pl. VI. fig. VI.*]; dans ce cas, le cheval n'eft pas d'à-plomb & court un rifque évident de tomber.

Il eft effentiel, qu'un cavalier connoiffe parfaitement toutes ces actions dans les différentes allures du cheval, &, après l'avoir vu, il faut monter à poil pour chercher à fentir fous fa partie mobile tout ce que l'œil nous a fait appercevoir; fans ce tact, jamais de fineffe.

Des qualités que doit avoir un homme de cheval.

Intelligence, patience & douceur, font des

qualités primitives, abfolument néceffaires à un homme de cheval, elles doivent être fécondées par le talent, mais il ne peut jamais les remplacer.

Pour inftruire un cheval, travailler avec fruit fon inftinct & fa mémoire, il faut difcerner fon caractere, car les moyens varient fuivant l'obfervation de ces différences; il eft des chevaux coleres & mutins, il en eft de timides & craintifs; celui qui les traite également eft un caffecol, qui ne peut jamais obtenir de fuccès que du hazard; c'eft fous de pareilles gens qu'il eft fi commun de voir des chevaux retifs. Le manque de patience fait fouvent hâter une befogne qui doit être lente. Nombre de gens fatiguent & excédent les chevaux dans les premieres leçons, furtout ceux qui montrent de la gaieté; ils ont recours au galop, aux terres labourées; ils exténuent & ruinent un cheval, qui, lorfqu'il ne peut plus aller, paffe aux yeux de l'ignorant pour être *dompté* : c'eft le terme.

PREMIERES LEÇONS

DONNÉES AU CHEVAL.

Du caveçon & de la longe.

L'HOMME voulant aſſervir le cheval à ſa volonté, le maîtriſer, & en obtenir les ſervices dont il eſt ſuſceptible, ſe ſervit de ſon intelligence, qui enfanta l'art de le ſubjuguer & le rendre obéiſſant.

Sans cet art, nos propres forces n'euſſent jamais ſuffi pour nous rendre maîtres d'un animal libre & fougueux; malheur à ceux qui entreprendroient encore de le vaincre par une réſiſtance égale à ſa force; toute contrainte doit donc être éloignée du cheval, ſurtout dans les commencemens, ſi l'on ne veut le rendre à jamais ennemi de l'école & de l'obéiſſance.

Qu'il me ſoit permis de ſuppoſer pour l'objet de mes leçons un de ces chevaux ſains, vigoureux, ardens, entiers ſur-tout; un Andaloux, par exemple, ou un Anglais amené au manège dans cet inſtant, où il quitte le nom de poulain pour prendre celui de cheval; quand on veut donner un modèle, c'eſt toujours la belle nature qu'il faut choiſir, & je ne connois point de race plus fiere, plus guerriere, & plus agréable que l'Eſpagnole, & point de race plus ſvelte & plus infatigable que l'Anglaiſe; le cheval, en un mot, quel qu'il ſoit, deſtiné à porter un cavalier & à obéir à ſes vo-

lontés, doit être amené à ces fins, par une gradation de joug, qui ne lui permette pas de s'y
défendre : toutes les attentions préliminaires de
l'écurie font suppofées, c'eft-à-dire, que l'animal ne doit point être vicieux à l'homme, mais
au contraire aifé à l'approche, facile à feller,
à brider, à conduire en main, & fe laiffant
monter & defcendre à-droite & à-gauche avec
tranquilité ; il ne faut que de la douceur pour
obtenir ces chofes, & je ne m'appefantirai pas
fur les moyens connus de tout le monde pour
y parvenir.

Le cheval doit être amené à l'école avec une
felle, ayant dans la bouche un filet ordinaire,
& de plus un grand bridon, dit vulgairement
bridon d'écurie ; il faut prendre garde que la
fous-gorge n'en foit point ferrée, & que les
porte - mors foient d'une longueur fuffifante
pour ne point faire froncer les lèvres : la
felle doit être placée de maniere à ne point gê-
ner les épaules, les panneaux doivent porter
également dans toute leur étendue, il faut
qu'elle foit le plus près poffible du cheval. Le
fiege doit être horizontal, & point relevé du
derriere, comme on le voit communément,
ce qui rejette l'homme fur la fourchure, charge
inégalement le cheval, & occafionne fouvent
de grands défordres, en contrariant infiniment
fes allures : la felle doit être placée de maniere,
que le centre de gravité de l'homme fe trouve
perpendiculaire fur le centre de gravité du cheval, [*Voyez démonftration méchanique*] & elle
doit être fixée dans cette pofition par les fangles, la croupiere & le poitrail ; tous ces foins

étant pris , le cavalier montera & defcendra plufieurs fois le cheval, fans que perfonne le tienne, mais il n'eft pas tems encore de le faire marcher. Pour prévenir & remédier aux défordres auxquels il pourroit s'abandonner , il faut préalablement lui donner la connoiffance de la chambriere ; ce fera en le faifant trotter pendant quelques jours, un caveçon fur le nez, au bout d'une longe. L'ufage du caveçon, connu depuis long-tems, eft regardé avec raifon comme fort utile, parce qu'obligeant le cheval à fe plier fur les cercles, il met tous les mufcles en action & les affouplit promtement. Il faut qu'il foit ferré fur le nez du cheval, de maniere à ne pas vaciller; le tout étant difpofé pour le faire marcher, un homme fe placera au centre du cercle que l'on fe propofe de faire parcourir au cheval, & tiendra la longe, un autre homme, prenant le cheval par le bridon, le mènera fur la circonférence du cercle, fe tenant à fon épaule de dedans, &, en le tenant toujours, le promènera au pas fur cette circonférence, dont le rayon doit avoir au moins 20 pieds; après avoir fait deux ou trois tours, plus ou moins felon le befoin, l'homme qui le tient par le bridon, fe retirera peu-à-peu ; au cas que le cheval veuille s'arrêter, l'écuyer, qui doit être un peu en arriere du cheval, & près de l'homme qui eft au centre, montrera doucement la chambriere entre l'épaule & le ventre, en attaquant même légérement s'il en étoit befoin, le cheval partira au trot & même au galop ; l'écuyer doit avoir la main gauche fur la longe, afin de pouvoir agir fur le caveçon, & le fecouer légérement fur le nez du cheval, en donnant les faccades du haut en bas, jufqu'à ce qu'il foit remis au trot; s'il rue ou faute, c'eft encore au caveçon à le corriger avec plus ou moins de force, felon que befoin fera : fi le cheval en ruant ou en fautant dimi-nue fon train, fe remet au pas, ou s'arrète, la chambriere doit le porter en avant & l'atta-quer, favoir, s'il fe cabre, à la croupe, s'il fait des fauts, entre l'épaule & le ventre, & s'il rue, à l'épaule.

Le caveçon & la chambriere ne doivent ja-mais opérer à la fois, ces deux actions fe con-trarieroient & jetteroient le cheval dans de grands défordres, le premier de ces inftrumens fert dans le cas où le cheval, faifant des fotti-fes, augmente trop fon action ou s'emporte, & le fecond, c'eft-à-dire la chambriere, dans le cas où il diminue fon train.

Dans les momens où le cheval trotte bien & uniment [1], il faut prendre garde que la chambriere ne faffe aucun effet, la tenant cependant dans une pofition où le cheval puiffe en appercevoir les moindres mouvemens.

Si le cheval fe jettoit fur le centre du cer-cle, celui qui tient la chambriere, la montre-roit à l'épaule du cheval; quand elle commen-

---

(1) C'eft-à-dire, où, fe pliant fur la circonférence, fon corps eft dans la direction de l'arc de cercle qu'il occupe ; celui qui tient la longe doit bien fe garder de l'attirer trop en dedans, dans le deffein de rejetter les hanches hors de la circonférence, comme le confeille à faux M. Bourgelat dans fon nouveau Newcaftle.

pera à le contenir au bout du rayon du cercle, & qu'elle le fera cheminer franchement, on prendra son tems pour l'arrêter en sifflant, le flattant de la voix [1], & secouant légérement la longe : souvent ces petites saccades au lieu d'arrêter le cheval l'animent ; il ne faut pas s'opiniâtrer, ni vouloir les augmenter [2] ; dans la crainte de charger les jarrets, & de le rendre colere, il faut, avec ces sortes de chevaux, mettre beaucoup de tems à les arrêter, en rétrécissant peu-à-peu le cercle qu'ils parcourent ; il en est de même lorsque, au partir sur ces cercles, ils s'abandonnent & s'emportent ; il faut se garder de les saccader, ils s'en vont ordinairement plus fort ; il faut, au contraire, élargir le cercle crainte d'accident, les laisser faire, & n'avoir recours qu'à la voix & au sifflet pour les appaiser.

Il est essentiel, dans ces premieres leçons, d'employer la plus grande douceur, & prévenir tout ce qui pourroit effaroucher le cheval, ou lui donner de l'ardeur.

Que l'on se garde bien de se servir d'un pilier au lieu d'un homme, pour y attacher la longe, comme le conseille M. Eidoux, dans le dictionnaire de l'Encyclopédie, à l'article, *commencer un cheval* : ce précepte est dangereux, &

------

(1) Avec un cheval neuf, on peut avoir recours à tous ces moyens qui seroient ridicule, avec un cheval mis.

(2) Quoiqu'il soit essentiel de ne jamais céder au cheval, il ne faut cependant pas risquer de le faire défendre

ne peut être donné que par l'ignorance ; je conseille, au contraire , lorfqu'on eft obligé de fe fervir d'un homme qui n'eft pas inftruit , de le diriger continuellement fur ce qu'il doit faire. Mais , dans les régimens , la claffe des chevaux neufs doit toujours être conduite par ce qu'il y a de plus inftruit ; c'eft le moyen de hâter les progrès & d'abréger l'inftruction.

Le cheval étant arrêté & en repos, il faut le laiffer fouffler un moment, le careffer & le mettre fur le cercle à l'autre main, én y obfervant les mêmes regles qu'à la précédente : cette leçon doit être très-courte , mais les reprifes repétées deux & trois fois ; elle doit auffi être continuée plufieurs jours de fuite ; beaucoup de chevaux apportent à l'école des difpofitions de foupleffe, qui permettent de ne fe tenir que peu de jours à cette leçon ; il eft même des chevaux ardens , auxquels elle feroit plus nuifible que falutaire ; il en eft d'autres auxquels elle doit être continuée longtems, tels que les chevaux pareffeux , chargés d'épaules, ou les ayant froides, les chevaux bas du devant , ou qui fe ployent difficilement ; c'eft , je puis dire, le meilleur, & peut être le feul moyen de donner quelque foupleffe & légéreté à ces maffes défagréables ; les chevaux de cette derniere efpece fe préfentent avec difficulté fur les cercles, leur roideur en eft la caufe, ils font fujets à s'y défendre, il faut, par conféquent, fi l'on ne veut pas les ufer, proportionner les leçons à leur force, & furtout n'exiger de vîteffe qu'à mefure qu'ils acquierent de la liberté ; il faut laiffer galopper ceux qui fe

préfentent à cette allure ; feulement, s'ils s'abandonnent trop fur leur devant, il faudroit faire
travailler la longe fur le caveçon, par des faccades de bas en haut, & les changer fouvent
de main.

Moins le cheval a de difpofition à travailler
fur les cercles, plus il a de tendance à s'éloigner du centre ; c'eft auffi ce qu'on éprouve
avec tous les chevaux roides, qui tirent continuellement fur la longe, & avec tant de force
qu'ils entraînent fouvent celui qui la tient ; car,
plus ils trouvent de réfiftance, plus ils tirent,
& ils prennent un point d'appui continuel, fi
l'on n'y rémedie.

Il faut, avec de pareils chevaux, une perfonne
entendue, qui tienne la longe dans fes deux
mains, de façon à pouvoir réfifter & rendre
alternativement, en tirant de tems à autre la
tête & l'encolure du cheval à lui, & en la relâchant auffitôt ; c'eft fur-tout dans l'inftant
où le cheval tire le plus, qu'il faut tout lui
abandonner ; par cette méthode, & en le changeant fouvent de main, il fera des progrès fenfibles, s'affouplira & fe foutiendra : lorfqu'on
arrête le cheval, il faut l'exercer au reculer ;
pour cela, un homme fe mettant en face du cheval, faifira une rêne de chaque main, &, portant fes deux bras également en avant, opérera
l'effet des rênes fur l'embouchure, jufqu'à ce
que le cheval recule ; s'il s'y refufoit, la même
perfonne faifiroit les deux rênes de la main
gauche feulement, & de la droite donneroit de
légeres faccades de caveçon fur le nez de l'animal, mais il faut beaucoup de douceur & de

patience dans ces commencemens, & ne reculer que peu de pas, & très-doucement : pendant le tems que l'on met un cheval à la leçon de la longe, il ne faut pas le monter, furtout fi fon défaut eft de s'appuyer fur la main, car on détruiroit par cette feconde leçon, le fruit de la premiere : j'ai vu des chevaux, qui, après quinze jours de cet exercice, n'étoient pas reconnoiffables. Je l'ai employé avec fuccès, pour remettre d'excellens chevaux, devenus pefans fur les épaules, & peu furs de jambes, pour avoir été mal montés.

On juge le terme qu'il faut mettre à ces leçons, lorfque les chevaux manient avec aifance fans forger ni s'appuyer fur la longe, & qu'en montrant la chambriere, ils s'échappent au galop, uniment & avec facilité; pendant les derniers jours de cette leçon, on fera très-bien de la terminer en les montant en liberté au pas décidé, j'en donnerai les moyens par la fuite.

Les chevaux Efpagnols, les Danois, ceux du Holftein, les Napolitains; en France les chevaux Limoufins, les Auvergnats, les Dauphinois, les Poitevins ont en général moins befoin de cette leçon que les chevaux Anglois, les Barbes, les Normands; c'eft à l'homme de cheval à les juger.

Jugeant le cheval fouple & obéiffant à la chambriere, on lui ôtera tout-à-fait le caveçon [1], & le cavalier montera deffus avec les précautions ordinaires.

____

(1) Cette méthode de mettre fur le champ un cheval neuf en liberté, paroîtra peut-être ridicule à bien

DEUZIEME LEÇON.

Cheval monté en liberté.

Il est essentiel de ne jamais mettre un cheval neuf qu'entre les mains d'un homme instruit, car on ne peut douter qu'il faille beaucoup d'art pour faire obéir cet animal, qui, étonné du fardeau qu'il porte, s'abandonne souvent à des défenses infinies, surtout si le corps de son cavalier, vacillant sans cesse, contrarie ses mouvemens : ce début sur un cheval neuf, est la pierre de touche de tous ces prétendus écuyers, dont la science est dans la force ; envain ils lutteront avec leur cheval, qui, toujours plus fort qu'eux, s'abandonnera à mille déréglemens avant de leur obéir ; delà les saccades, les jarrêts perdus, & le cheval ruiné.

Le cavalier étant en selle, parfaitement placé, comme nous l'avons dit dans la premiere partie, il ne doit avoir d'autre ambition que de déterminer la masse de son cheval à parcourir une ligne droite, ou suivre les murs d'un ma-

des gens, sur-tout aux partisans des écoles, où l'on est dans l'usage de laisser les chevaux neufs dix-huit mois à la longe ; mais l'expérience nous démontre que les chevaux montés sur les cercles sont très-fatigués & se ruinent bientôt : lorsqu'on est obligé d'y avoir recours, il faut toujours que ce soit sans être montés.

nège [1] : pour cela , voulant, je fuppofe, marcher à droite , il doit baiffer fes deux mains, afin de rendre au cheval , & lui permettre de fe porter en avant ; puis, en fermant les deux jambes également, lui faire fentir les premieres aides du premier dégré, appeler de la langue en même tems , &, fi le cheval n'obéit pas, fe fervir de la gaule, en lui donnant un léger coup fur l'épaule droite.

La maffe une fois ébranlée, le cavalier doit fentir fa rêne gauche, avec affez de force, pour redreffer peu-à-peu le cheval à-gauche le long du mur ; mais, fi le cavalier n'opéroit que du bras gauche, il pourroit arriver que le cheval n'obéiroit qu'en amenant la tète, & pliant l'encolure de ce même côté, & que, contrarié par cette pofture, il s'arrêteroit ; mais comme c'eft la maffe & non l'encolure qu'il faut déterminer à fe porter à-gauche, il eft néceffaire que la rène droite tienne la tète & l'encolure un peu à-droite, pendant qu'un mouvement plus fort de la rène gauche attirera l'épaule à gauche, & la jambe droite doit fe fermer davantage, & augmenter fes aides, afin d'empêcher que le cheval s'arrête, & en même tems déterminer fon centre de gravité à fe porter à gauche ; mais cette jambe n'étant pas encore connue,

---

(1) La premiere chofe que l'on doit apprendre à un cheval , c'eft de fe porter en avant aux aides des jambes, parce que, fitôt que le cheval y obéit, le cavalier peut prévenir les fautes & les défenfes ; & l'on verra par la fuite, que c'eft le feul remede qui puiffe corriger les chevaux qui ont des vices.

doit être fécondée par un léger coup de gaule, à la place même où elle se ferme.

Si le cheval n'est pas assez forcé par ces mouvemens du cavalier, & qu'il refuse d'obéir, en continuant de laisser tomber l'épaule à droite, pour lors la gaule doit réitérer ses secours, avec plus de force sur cette épaule, & en même tems la rêne gauche travailler avec plus de force pour redresser le cheval.

Une fois mis en mouvement, & déterminé le long du mur, le cavalier doit chercher à l'y mener au pas, & à l'appaiser en se relâchant lui-même [1], & en donnant au cheval toute la liberté possible, c'est-à-dire, en ne se servant des mains qu'avec la force nécessaire pour le tenir redressé, & paralelle au mur autant que faire se pourra. Le cheval paralelle au mur, est le point de perfection du cheval parfaitement dressé, & il seroit absurde de vouloir l'exiger d'un cheval neuf à sa premiere leçon ; c'est presque toujours en demandant trop aux chevaux qu'on les fait défendre.

Quand le cheval diminue son pas, le cavalier doit fermer moëlleusement ses jambes, en appelant de la langue, cette derniere aîde servira à faire connoître la premiere ; mais il doit ob-

---

(1) La force & la roideur du cavalier excite le cheval à l'ardeur, par la pression qu'il éprouve des cuisses ou des jarrets, & les opérations des jambes roides produisent toujours des effets roides & à coups, au lieu que, quand les jambes sont moëlleuses, le cheval y prend une confiance qui le fait y répondre moëlleusement & sans surprise.

ſerver, que ſes mains, en ſe baiſſant, précédent toujours les aîdes, afin de ne pas s'oppoſer à leur effet ; cette contrarieté, dans les mains & dans les jambes, eſt ſouvent la ſource des déſordres auxquels s'abandonnent les jeunes chevaux.

Le cavalier cheminant ainſi, & arrivant au bout de ſa façade du manège, doit redreſſer ſon cheval avec la rêne gauche, & ſa jambe droite juſques dans le coin, ſans chercher à l'y faire parfaitement entrer ; y étant arrivé, il s'agit d'en ſortir par un à-droite ; le cavalier doit profiter habilement de la néceſſité où eſt le cheval de tourner, pour lui faire connoître ſa rêne droite, qui doit s'ouvrir à droite & le décider [1]. La rêne gauche doit en même tems diminuer ſon effet, & ne plus faire qu'aider la droite, en retenant la tête & l'encolure, ſi elles étoient diſpoſées à ſe trop porter à-droite & laiſſer l'épaule à gauche, &, à meſure que le cheval finit ſon à-droite, la rêne droite doit diminuer ſon effet & la rêne gauche augmenter le ſien, pour contenir le cheval redreſſé, c'eſt-à-dire, paralellement au mur ; revenu ſur la ligne droite, les deux mains doivent varier leurs opérations ſuivant le beſoin ; & l'action des jambes ſe faire comme ſur un cheval dreſſé, en

---

(1) Sur un cheval parfaitement dreſſé, les opérations des mains & des jambes doivent être imperceptibles, parce que l'animal répond aux premieres aides, mais ſur un cheval neuf, auquel il s'agit de les faire connoitre, il faut que les mouvemens ſoient grands & ſe faſſent franchement.

obſervant ſeulement de l'accompagner des aides
de la langue, ou de la gaule. L'objet eſt de
tenir le cheval droit, & pour ce, les jambes doivent, ſuivant ces cas, travailler ſéparément, ainſi
que les rènes ; mais, toutes les fois qu'il s'agit
de hâter ou ralentir la marche, c'eſt aux deux
jambes & aux deux rènes à travailler enſemble ; il faut rejetter le précepte de tous les auteurs, qui, ne parlant que de la jambe de dedans,
prétendent que celle de dehors eſt remplacée
par le mur ; de pareils préceptes annoncent que
leur auteur n'avoit nulle idée de la préciſion,
de la juſteſſe, & du mouvement des corps. La
jambe de dehors eſt auſſi néceſſaire que celle de
dedans, quelquefois même elle doit travailler davantage, puiſqu'il eſt des chevaux qui laiſſent
tomber leur maſſe en dehors : qu'on ſe perſuade
donc, une fois, que l'eſpace fermé de mur ne
comporte point un art & une méthode différente de monter à cheval : dehors, mèneroit-on
ſon cheval d'une jambe ? Non, ſervez vous donc
des deux quand vous êtes à couvert, comme
quand vous êtes en plaine.

Nous venons de voir par les opérations des
rènes, qu'elles ont chacune un effet different &
oppoſé, c'eſt-à-dire, la rène droite en s'ouvrant
détermine le cheval à-droite & la rène gauche
le détermine à-gauche ; mais nous avons vû auſſi
qu'il eſt très poſſible au cheval de ſe ſouſtraire
à cette obéiſſance, en amenant l'encolure du
coté de l'action de la rène : pour prévenir cet
inconvénient, il faut avoir recours au travail
des deux enſemble, avec la proportion ſuivante ;
la rène du coté où vous voulez tourner eſt celle
qui

qui doit faire le principal & premier effet, mais la rêne de dehors doit lui aider & faire le second effet, c'est-à-dire, n'employer que la force suffisante pour empêcher l'encolure d'obéir à la rêne qui doit diriger la masse : de même, lorsque le cheval chemine le long d'une façade du manège, la rêne de dehors doit toujours faire le premier effet, & celle de dedans ne doit faire que le second, c'est ainsi qu'on tiendra le cheval redressé. On nomme vulgairement cheval redressé celui dont les épaules sont sur la ligne qu'il doit parcourir ; mais cette définition n'est point exacte, car les épaules peuvent très-bien suivre le mur à-gauche, & la masse, ou le centre de gravité, être tombé à-droite, auquel cas il est faux de dire que le cheval est redressé, puisqu'il est essentiellement de travers.

Le cheval laisse tomber sa masse à droite, ou à gauche, en se pliant, & laissant ses deux extrémités d'un coté & la masse de l'autre, ce que le cavalier sent aisément par le dérangement dans l'allure du cheval, & le mal aise qu'il ressent lui même dans sa position ; on voit que les moyens de le remettre droit se bornent à amener les extrémités du coté opposé, & se servir de la jambe & de la gaule, du coté où les côtés se gonflent ; mais le vrai moyen de corriger le cheval, lorsqu'il est un peu plus avancé, c'est de le tourner en cercle du coté où la masse tombe, en le ployant beaucoup.

Quand le cheval aura fait quelques tours de manège au pas, en suivant exactement les murs, le cavalier cherchera à le faire changer de main, afin de lui en faire faire l'autant à-gauche ; dans

Partie III.   G

ces premiers changemens de main, il ne faut exiger aucune juſteſſe, chercher ſimplement à parvenir à ſon but, qui eſt de promener le che‑val à‑gauche.

Pour ce, on prendra le moment où il ſera appaiſé; &, après avoir paſſé le coin ♂ (*planche* 5, *fig. 1.*), arrivé au point G, le cavalier lui ſera faire un demi à‑droite, par les mêmes moyens dont il s'eſt ſervi pour lui faire faire un à‑droite entier, (1) & le déterminera avec ſes jambes ſur la diagonale G G; arrivé à ſon extrémité, le cavalier, par un demi à‑gauche, remettra ſon che‑val ſur la direction G 3; en obſervant, dans ce demi à‑gauche, que la rène gauche doit faire le premier effet & la rène droite le ſecond.

Autre regle générale; c'eſt qu'en proportion que les mains travaillent pour tourner un che‑val, les jambes doivent augmenter leurs aides; car, tout mouvement de main tend à rallentir la maſſe, & afin qu'elle percute toujours égale‑ment, il faut regagner par les jambes ce que les mains font perdre de vîteſſe.

Dans tous ces à‑droite & demi à‑droite, les deux jambes doivent travailler également, à moins que le cheval en tournant ne laiſſât tom‑ber ſa maſſe à droite ou à gauche, auquel cas, la jambe de ce même coté doit opérer beaucoup plus que l'autre, qui ne doit preſque rien faire. Nous avons vû le cavalier promenant ſon che‑

---

(1) Obſervant que les moyens doivent être moin‑dres pour un demi à‑droite, que pour un à‑droite entier.

val au pas à main droite, il doit employer les
mêmes moyens inverſes pour le promener à
main gauche, &, au bout de deux ou trois tours,
quand il aura reconnu l'eſpace qu'on veut lui
faire parcourir, on le mettra au trot, qui eſt
l'allure où les jeunes chevaux doivent être exercés, juſqu'à ce qu'ils ſoient, ce qui s'appelle, dé-
bourés. Pour paſſer à l'allure du trot, le cavalier, revenu à main droite, je ſuppoſe, ſon cheval étant droit, baiſſera les deux mains, & fermant ſes jambes l'excitera à partir, l'aidant ſoit
de la langue, ſoit de la gaule, s'il en eſt beſoin ;
&, une fois dans cette allure, il l'entretiendra
dans le même degré de vîteſſe, & lui fera parcourir le manège de la même façon qu'il l'a fait
au pas.

Si je n'avòis qu'à décrire les opérations d'un
homme de cheval ſur un cheval neuf, je gar-
derois le ſilence ſur toute eſpece de defenſes &
ſauts auxquels les jeunes chevaux ſont ſujets
à ſe livrer, parceque l'homme véritablement inſtruit les prévient & les évite [1] ; mais mon
but eſt de faire connoître à mon lecteur, les
opérations que l'art employe, non - ſeulement
pour éviter & prévenir les fautes du cheval,
mais encore pour y remédier, & le corriger de
celles qu'il peut faire, lorſqu'un cavalier peu habile les a laiſſé convertir en habitude.

C'eſt aux premieres leçons que le caractere

---

(1) Les fautes des chevaux ſont preſque toujours
occaſionnées par celles du cavalier, il n'y a que les
ignorans qui s'en prennent à leurs chevaux, & les battent
des ſottiſes qu'ils leur ont fait faire.

& les qualités des chevaux fe découvrent, & il eft néceffaire de les bien difcerner, pour leur donner une éducation avantageufe.

La nature, trop bizarre dans fes jeux, nous met dans l'impoffibilité de décrire particuliérement chaque individu ; aucuns ne fe reffemblent parfaitement, ainfi nous ferons obligés de nous contenter de trouver certains rapports, qui, les rapprochant, nous permettent de les comprendre généralement dans quelques claffes. Nous les diviferons d'abord en deux : la premiere comprendra les chevaux bien conformés, forts & nerveux, & la feconde, les chevaux mous & foibles, quoique quelquefois bien proportionnés. Les chevaux de la premiere claffe font prefque toujours obéiffans & aifés à inftruire, la raifon en eft dans leur force, qui leur permet d'obéir avec aifance à tout ce que le cavalier leur demande. Il s'en rencontre cependant quelques uns, qui, ayant été battus & effarouchés par ceux qui les ont élevés, font colères & rétifs, mais l'art les corrige aifement : il n'en eft pas de même des chevaux de la feconde claffe, dont la foibleffe eft la fource de tous leurs vices ; il eft vrai qu'ils font aifés à prévenir, en ne leur demandant que ce qu'ils peuvent donner, mais fi malheureufement un pareil cheval eft tombé dans des mains ignorantes, il faut bien du tems & de l'art pour le corriger des défauts qu'il aura contractés, & cet art ne peut être que le fruit d'une théorie raifonnée & d'une longue habitude.

Revenons à notre premiere claffe, voyons l'efpece de vice auquel ces chevaux font fu-

jets, & les moyens de les corriger : communément, les fauts font les feuls déréglemens auxquels ils s'abandonnent, lorfqu'on veut les trop
contraindre, les raccourcir, les faire paffer ou
tourner dans des endroits où quelqu'objet les
aura effrayé ; pour lors, ils employent franchement leurs forces pour s'y fouftraire, & ils font
fujets aux efpeces de fauts, que l'on nomme
fauts de mouton & cabriole. [1]

Il faut, lorfque le cheval fe difpofe à fauter,
fi c'eft droit devant lui & en avant, le déployer
franchement, en fermant les jambes, dans l'inftant où il veut raffembler fes forces ; c'eft un
moyen prefque fûr d'empêcher le faut, parce
qu'un cheval, pour fauter, eft obligé de diminuer
la vîteffe de fa maffe, & de raffembler fes jambes
près de fon centre de gravité, afin de pouvoir
prendre l'élan néceffaire pour l'opérer, un éco-

---

(1) Dans le faut de mouton, le cheval s'élance, &
s'enlève des quatre jambes prefqu'en même tems, fans
détacher de ruade, & fon dos s'arrondit comme dans
le faut de carpe, ce qui rend la tenue très-difficile,
furtout lorfque ces fauts font répétés de fuite : la
cabriole eft de tous les fauts du cheval le plus brillant,
le plus enlevé, & celui qui annonce le plus fa force &
fa vigueur ; c'eft l'efpece de faut auquel on dreffe
ordinairement les fauteurs dans les maneges ; le cheval
enlève d'abord le devant, & s'élançant avec force embraffe un terrein confidérable ; &, dans l'inftant que
fes quatre jambes font à la même hauteur, & que le
devant va retomber, il détache vigoureufement la
ruade ; ce faut, quoique fort & brillant, n'eft point
dangereux, ordinairement, le cavalier n'en eft point
déplacé.

lier, pour peu qu'il commence à fentir fes chévaux, s'apperçoit aifément de ce moment où le cheval médite fa fottife, & fi, dans cet inftant, il l'occupe , & le pouffe vigoureufement en avant, il eft démontré qu'il la préviendra.

Mais il eft rare que les chevaux fautent droit devant eux; prefque toujours prévenus par leur cavalier, qui les en empêche , ils s'échappent ordinairement, en jettant leur maffe foit à-droite foit à-gauche ; ces fauts de travers font un peu plus difficiles à prévenir , parceque l'acte préparatoire du cheval eft plus promt, & qu'il faut plus de tact pour fentir cet inftant : mais quand on le peut, la correction eft de les redreffer par la rêne à laquelle ils vouloient fe fouftraire, les porter en avant, de la jambe oppofée, en les châtiant même par la gaule derriere la botte, ou fermant l'éperon, s'il commence à connoître les jambes; par ces moyens, on les corrigera bientôt.

Paffons à la feconde claffe, malheureufement la plus nombreufe & voyons les moyens d'en tirer parti.

C'eft prefque toujours la mauvaife conftruction des chevaux qui eft caufe de leur foibleffe [1] ; je renvoye aux livres d'anatomie, qui traitent cette matiere amplement ; & je me bornerai à donner quelques idées abfolument néceffaires. Deux caufes premieres s'oppofent à la bonté du

---

(1) Il n'eft point de regles fans exception : j'ai vû des chevaux, dont les belles proportions attiroient les regards des plus grands connoiffeurs, être mous & incapables d'aucuns fervices.

cheval , favoir , la difproportion dans fa charpente, c'eft-à-dire, dans *l'oftéologie*, 2°. la difproportion dans fes mufcles, c'eft-à-dire, dans la
miologie : je m'explique ; le cheval qui a la ga-
nache groffe, le garot bas, les épaules ferrées,
les reins trop longs, les hanches hautes, ou qui
eft trop long ou trop court jointé &c. ,, péche
dans fa charpente. Celui qui, étant parfaitement
d'à-plomb fur fes quatre membres bien proportionnés, mais dont les os ne font pas garnis de
mufcles fuffifamment gros, ou dont le tiffu eft
trop lâche &c. péche dans la miologie. Ces defauts font autant d'obftacles qui s'oppofent à la
bonté de l'animal, & l'on ne peut exiger de ces
chevaux le même genre de travail que du cheval parfaitement proportionné, & pourvû de
mufcles compacts & tendineux.

Nous avons laiffé le cheval partant au trot à
main droite, & cheminant le long d'une façade
du manège, je fuppofe A. B. Après avoir fait
quelques tems de trot, quelquefois il s'arrête
tout court, jettant les épaules dans le mur, &
la croupe en dedans ; fans vouloir avancer ni
reculer ; plufieurs raifons peuvent occafionner
cette défenfe; la premiere, que le cheval foit effrayé
par quelqu'objet, la feconde, que le cavalier exige
trop de viteffe & trop d'allongement dans fon
allure. Le cheval ne pouvant y fournir, foit par
ce qu'il eft trop abandonné fur les épaules, [1]

---

(10) Quelques perfonnes pourront faire une réfle-
xion contraire à ce que j'avance, & croire qu'un cheval abandonné fur les épaules doit embraffer plus de
terrein que celui qui eft d'à-plomb ; cela paroît d'abord

G iv

foit parce qu'il a le devant bas, & les hanches trop hautes, il fe revolte contre les aides & s'y defend en s'arrêtant court ; il eft fouvent entretenu dans cette fottife, par la faute que la furprife fait faire au cavalier, qui eft de mettre le corps en avant, ou d'avoir de l'incertitude & de la variation dans cette premiere partie mobile ; il faut donc que le cavalier ait grande attention de fixer fon corps dans cet arrêt fubit ; il y parviendra par une force moëlleufe dans la charniere de fes reins ; &, en relâchant parfaitement fon bas, il doit fe fervir des moyens indiqués pour faire partir de nouveau le cheval, en obfervant de ne l'allonger que proportionnellement à fa ftructure & à fa foupleffe. Si le cheval a été effrayé par quelqu'objet, il faut, avec beaucoup de douceur, le mener fur ce qui l'a épouvanté. Si le cheval retombe plufieurs fois dans cette faute, qu'il s'arrête à chaque tour, fans qu'on en puiffe foupçonner d'autre raifon que la colere, il faut que le cavalier tâche de prévenir ces inftans où le cheval fe rallentit, & qu'il le châtie vigoureufement de la gaule, ou

raifonnable, puifque, plus vous voudrez le raffembler, plus il diminuera fa viteffe ; mais, qu'on faffe attention que le cheval étant fur les épaules, fa maffe, ou fon centre de gravité, dépaffant trop les jambes de devant, prend une direction oblique à la terre, & non paralelle à l'horizon, & que, par conféquent, les jambes de devant peinent beaucoup pour relever fans ceffe cette maffe, qui les charge trop, & les gêne dans leurs mouvemens, au lieu que le cheval d'à-plomb, c'eft-à-dire, foutenu par les jambes qui pofent à terre, peut cheminer avec beaucoup plus de viteffe, par la liberté dont jouiffent les jambes qui fe meuvent.

des éperons : fur de tels chevaux , la main ne doit abfolument faire aucun effet, puifqu'elle eft faite pour arrêter la maffe : celui qui tient la chambriere doit aider les mouvemens du cavalier : cette défenfe eft une des plus grandes marques de foibleffe dans les chevaux, elle eft commune à ceux que l'on travaille trop jeunes ; c'eft pourquoi je recommande encore beaucoup de douceur & de très-courtes leçons.

Il eft des chevaux, qui, après s'être ainfi arrêtés court, fe cabrent, c'eft-à-dire, enlèvent les jambes de devant, & rejettent tout le poids de leur corps fur celles de derriere ; cette fottife eft dangereufe ; elle eft fouvent occafionnée par la trop grande fenfibilité de la bouche ; inquietés par les mains du cavalier, qui, travaillant avec trop de force rejette le poids de l'avant main fur l'arriere main, les chevaux colères, que l'on veut forcer à l'obéiffance , & redreffer à une rêne, font fujets à fe cabrer pour chercher à s'y fouftraire : Il faut s'appliquer à prévenir ces inftans , ce qui eft très-poffible, parceque le cheval ne peut fe cabrer en marchant, il faut abfolument qu'il s'arrète, & que fes jambes de derriere viennent prendre un point d'appui fous le centre de gravité ; dans ces inftans, on doit le porter vigoureufement en avant, & le châtier d'un coup de gaule derriere la botte : mais fi le cheval a été fi promt, que vous n'ayez pû le prévenir, ou fi, malgré vos aides & votre châtiment, il a refufé d'aller en avant, il faut, dans l'inftant de la pointe, lui rendre tout abfolument, & que la charniere de vos reins, bien moëlleufe, permette à votre corps de fe mettre en avant, comme il est démontré [*planche 2. fig. 2.*].

Le corps du cheval étant dans la direction C D, & le corps de l'homme dans la perpendiculaire A B ; lorsque le cheval enlève le devant, & qu'il change sa direction C D en C K ; si celle de l'homme A B suivoit le mouvement du cheval, elle se trouveroit toujours perpendiculaire au cheval, & dans la direction F O H ; mais, comme nous avons démontré précédemment, que le corps de l'homme ne devoit pas être perpendiculaire sur le cheval, mais bien à l'horizon, il faut donc, qu'à mesure que le cheval s'enlève, la charniere des reins de l'homme se plie, & permette au corps de rester dans la direction A B, afin que sa verticale se trouve toujours ne former qu'une seule & même ligne droite avec celle du cheval.

Le moëlleux dans le pli des genoux est essentiel dans ce moment, afin que les jambes soient près du cheval, sans le serrer ; & que, par leur poids, elles servent à contenir les fesses dans la selle ; les jambes, bien relachées dans leur ligament, prendront d'elles-mêmes cette position que leur donnera leur pesanteur.

Le moindre coup de main ou de jambe pourroit faire renverser le cheval ; il faut donc une cessation entiere de mouvement de la part de l'homme, & qu'il attende que, la pointe finie, le cheval soit prêt à reprendre terre ; pour lors, ses deux éperons doivent se fermer, & le pincer vigoureusement ; il ne sera plus possible au cheval de se renverser, parceque, pour recommencer une pointe, il faut qu'il prenne un nouveau point d'appui à terre, & les éperons faisant leur effet avant, il sera obligé d'y obéir.

Celui qui tient la chambriere doit en faire usage, & aider le cavalier, en châtiant le cheval à la croupe, sur-tout si l'on craint qu'il se défende aux éperons.

Les jeunes chevaux, qui commencent à avoir de la force dans les reins, font des pointes par gayeté ; il en est qui ne s'enlèvent qu'à une très-petite distance de terre ; ceux là ne sont nullement dangereux, mais il est toujours prudent de ne pas leur en laisser contracter l'habitude, parceque les jarrets seroient bientôt ruinés ; les chevaux qui sont sujets à faire des pointes sont ordinairement légers.

Il est des chevaux sujets au defaut opposé à celui que je viens de décrire, c'est-à-dire, qui, au lieu d'enlever le devant, prennent un point d'appui sur cette partie, enlèvent leur croupe, & , détachant leurs jambes de derriere par une vive extension, opérent ce que nous appelons la ruade.

Lorsque le cheval rue, le cavalier doit, sans déplacer sa partie immobile, relâcher le bas de ses reins, en mettant le corps en arriere, afin que la direction B A du cheval [*planche 2. fig. 3.*] venant à se changer en B C, la sienne n'en suive pas le mouvement en H O K, mais reste en D O N, pour se trouver toujours perpendiculaire à l'horizon, de maniere que sa ligne verticale & celle du cheval soient toujours confondues en une seule ligne droite. Le cavalier doit aussi, en pliant ses genoux, porter son cheval en avant, en soutenant un peu les mains s'il s'enterroit trop. [1]

Il est des chevaux chatouilleux, que les moindres mouvemens du cavalier font ruer; il faut les monter souvent & peu. [2] D'autres ruent par foiblesse de reins, d'autres, parce qu'ils ont les hanches hautes, & le garot bas. Il faut, regle générale, sur les chevaux rueurs faire travailler les jambes fort en avant, & chasser beaucoup les hanches, afin de les occuper & les charger; mais comme ces leçons sont fatigantes, & qu'il faut d'ailleurs avoir égard à la foiblesse de l'animal, elles doivent être très-courtes: nous observerons aussi que les chevaux ne ruent presque jamais droit, & que c'est communément en jettant les hanches soit à-droite, soit à-gauche: les opérations de main du cavalier doi-

____

(1) On dit qu'un cheval s'enterre, lorsque, cherchant un point d'appui sur la main du cavalier, il baisse la tête, & s'abandonne sur les épaules.

(2) L'éducation que nous donnons aux chevaux, contribue beaucoup, comme je l'ai déja dit, à leur former le tempéramment, & souvent à les rendre plus ou moins vigoureux: si l'on montoit les jeunes chevaux plus souvent, ils seroient d'une bien plus grande ressource, surtout pour la guerre; leur corps s'accoutumeroit au travail & en souffriroit moins: il est d'ailleurs contre nature, de tenir un animal aussi fort, 24 heures enchaîné dans la même position; ses muscles dans l'inaction ne prennent aucune vigueur; je voudrois qu'on ne ménageât les jeunes chevaux que sur la maniere de les travailler seulement, c'est-à-dire, qu'on proportionnât leur allure à leur force, mais qu'on les fit travailler au moins deux heures par jour, à l'âge de cinq à six ans.

vent donc fe faire dans l'intention d'oppofer les épaules aux hanches : le cheval étant à-droite fur la direction 1. 2., s'il rue en dedans, c'eft en y apportant la croupe ; il faut, pour la re-dreffer, non-feulement que les jambes fe ferment, mais encore que les rênes apportent les épaules à - droite [1], parceque le cheval fe trouve forcé par ce moyen de jetter les hanches à-gauche ; quand il y a répondu, la rêne gauche doit redreffer la maffe entiere, de concert avec la jambe droite.

Voilà en général à quoi fe bornent les fotti-fes & défenfes des chevaux fur la ligne droite, favoir, à s'arrêter, fe jetter de côté, fe cabrer & ruer : par les moyens que nous venons d'in-diquer, &, fur-tout, en prévenant les arrêts fubits, on corrigera en peu de tems le cheval ; &, regle générale, moins on aura recours aux mains, mieux on opèrera.

Ce n'eft pas le tout, de faire parcourir le ma-nège à un cheval, en lui faifant toujours fuivre les murs ; il s'accoutumeroit à une routine [2] fans s'inftruire, & le cavalier feroit peut-être dans le cas de manœuvrer des mains, & de faire con-

---

[1] Ce moyen d'oppofer les épaules aux hanches, en fe fervant des rênes, eft contraire aux principes que nous avons établis , & ne peut être regardé que comme une licence, permife feulement dans les cas où les jambes du cavalier ne feroient pas fuffifantes, ou que le cheval s'y défendroit.

[2] On voit dans les maneges, des chevaux telle-ment accoutumés à la régularité d'une reprife qu'ils mènent leurs cavaliers.

noître les rênes à fon cheval ; d'ailleurs, l'animal, en fe mouvant toujours dans la même direction ; fe roidiroit , & notre objet eft de l'affouplir ; pour cela, il faut que le cavalier change
fouvent de main de droite à gauche, & de gauche à droite [1], & doubler quelquefois du D
au D, en obfervant de faire parcourir au cheval
cette ligne D D, comme il parcourt la ligne 1.
2., c'eft-à-dire, le tenir droit & les hanches bien
vis-à-vis des épaules , le tout contenu également
ment par les deux jambes & l'égalité dans les
rênes. Parvenu à l'extrémité D, tourner de la
même maniere que dans les coins, de façon que
les hanches paffent bien par où les épaules ont
paffé , & fans fe jetter en dehors, ni décrire un
cercle plus grand.

Quand le cheval fe décidera franchement fur
les lignes droites , & obéira aux mains & aux
jambes du cavalier, c'eft une preuve qu'il aura
deja acquis une certaine foupleffe ; pour lors
la leçon du cercle lui fera avantageufe, mais
donnée avec modération.

---

(1) Il faut, en trotant ainfi de jeunes chevaux, commencer fes changemens de main indifféremment aux
deux extrémités du manege , afin d'éviter qu'ils faffent
rien par habitude.

TROISIEME LEÇON.

Du mouvement circulaire.

C'EST avec raison, que tous les hommes de cheval & tous les écuyers ont fait grand cas de la leçon du cercle ; elle est très-propre à assouplir le cheval, lorsqu'elle est donnée par un habile maître ; mais toutes les écoles en ont abusé, en faisant commencer leurs écoliers & leurs chevaux neufs par les cercles : cette méthode est un obstacle aux progrès des premiers, & la ruine des seconds. Quand j'aurai expliqué la justesse nécessaire de la leçon du cercle, sa difficulté démontrera le ridicule de s'en servir pour début.

Ne perdons point de vue, que l'objet, que nous devons continuellement chercher à atteindre, & le seul de l'art de l'équitation, est de mettre l'homme & le cheval d'à-plomb, & de les y maintenir le plus long-tems possible. Le mouvement rectiligne est celui dans lequel l'à-plomb est le moins difficile à prendre, & le plus aisé conserver, tant pour l'homme que pour le cheval, puisque ses quatre colonnes se trouvent à leur place naturelle, vis-à-vis les unes des autres, & n'ont qu'un mouvement simple à opérer ; le cavalier n'a donc d'autre attention à avoir que d'empêcher la variation de l'avant main, ou de l'arriere main, & de contenir le centre de gravité dans la juste balance de ses

jambes; fi le cheval en fort un inftant, le cavalier en eft averti promtement par l'irrégularité
des mouvemens, & il n'en eft point qui n'ayent
affez de tact pour s'en appercevoir; il n'en eft
pas de même du mouvement circulaire, dans lequel le cheval, pour être d'à-plomb, doit être
plié, & fon corps prendre la direction d'un arc
de cercle, c'eft-à-dire, que tous les points de
fon côté de dedans, foient également éloignés du
centre; or, dans cette pofture circulaire, le cavalier ne peut fe placer avec la même facilité; il
faut néceffairement qu'il mette fon corps dans
la direction de celui du cheval, c'eft-à-dire, que
fi le cheval marche à-droite, il faut que la partie gauche du cavalier foit plus en avant que
la droite, afin que fes deux hanches fe trouvent
dans la direction d'un rayon du cercle.

Cette pofture, quoique plus difficile que la
droite, fe maintiendroit aifément, fi le cheval
ne remuoit pas, mais, fitôt qu'il chemine fur le
cercle, les deux corps font en proie aux forces
centrales, en rapport de leur vîteffe [1]; le corps
de l'homme par la force centrifuge tend fans
ceffe à s'écarter du centre, comme une pierre
dans une fronde; voilà pourquoi tous les écoliers roulent en dehors [2], & que, pour réfifter

---

(1) Voyez, en méchanique, forces centrales, divi-
fées en forces centrifuges & forces centripétes.

(2) Malgré l'évidence de l'effet des forces centrifuges, qui tendent à jetter le cavalier en dehors, il eft
des maîtres qui donnent pour principe de faire affeoir
le cavalier, non au milieu de la felle, comme je l'ai
indiqué, dans tous les cas poffibles, mais qui veulent

er à cette force qui les y jette, ils fe roidif-
t s'ls n'ont pas déja acquis un certain degré
-plomb & de tenue, qui les mette à l'abri de
indre la chûte : il eft évident qu'une telle
:thode nuit aux progrès d'un commençant,
i ne s'occupe que des moyens de fe racro-
er.

S'il ne s'agiffoit que de refifter à la force cen-
fuge, & empêcher le corps de l'homme de
loigner du centre, on y parviendroit en le
fant affeoir ou pancher en dedans ; mais, pour
s le poids de l'homme ne chargeant plus que
partie de dedans, gêneroit le mouvement du
eval, & le feroit néceffairement fortir de fon
plomb & courir rifque de tomber.

Le feul moyen de conferver fon à-plomb,
ns le mouvement circulaire, eft d'avoir la par-
e de dehors très-avancée, exactement dans la
rection d'un rayon du cercle, & de fuivre le
ouvement du cheval, de façon que la hanche
e dehors chemine continuellement & en même
ms que lui ; je m'explique.

Le cavalier voulant promener fon cheval fur
s cercles, étant, je fuppofe, à main droite au
oint D ; il doit avec fa rêne droite détacher les
paules du mur, & décidant fon cheval fur la

---

u contraire que l'affiette foit beaucoup plus en dehors
u'en dedans, heureufement que l'écolier, dans l'im-
offibilité de prendre cette pofition, ne fait nul cas du
récepte, le laiffe rabacher à fon maitre, & conferve
a pofition que la nature lui indique la plus folide ;
*e principe fe trouve dans l'inftruction de l'équitation
pour la Gendarmerie.*

direction D K , avoir ſes deux jambes à portée
de lui ſervir à contenir les hanches de ſon cheval ſur la piſte que les épaules ont ſuivie. La
jambe de dedans doit ſervir d'arc-boutant, &
empêcher la maſſe de tomber à-droite , & la
jambe gauche empêcher les hanches de s'é-
chapper à gauche : les rênes doivent continuellement travailler pour entretenir le cheval
ſur la ligne circulaire ; car , étant en proye
aux deux forces dont nous avons déja parlé,
ſavoir à la force centrifuge, & à la force cen-
tripette, dont l'une tend à l'éloigner du centre,
& l'autre à l'y attirer, le cheval obéït avec in-
déciſion & à coup, alternativement à l'une & à
l'autre ; il faut donc que les rênes ſervent à le
déterminer ſur la ligne circulaire, & que, conjointement avec elles, les jambes du cavalier l'y
contiennent ; cette obligation de ſentir davantage la bouche de ſon cheval ſur les cercles, eſt
favorable pour apprendre aux chevaux à connoître leurs rênes : nous ferons auſſi à cet
égard une obſervation, c'eſt que les rênes travaillant beaucoup en cercle , leur action tend
toujours à diminuer la vîteſſe de la maſſe, &,
pour l'entretenir dans un mouvement uniforme,
l'action des jambes du cavalier doit s'augmenter;
je l'ai déja dit, ſans cette compenſation des forces aux obſtacles, il n'y auroit point d'unifor-
mité : autre raiſon pour laquelle les aides doivent s'augmenter ſur les cercles, c'eſt que les
chevaux étant dans une poſition gênante, ils
ſont plus ſujets à ſe laiſſer aller, & à ſortir de leur
à-plomb, & que le ſeul & unique moyen de
les relever, & les empêcher de s'abandonner ſur

les épaules, eſt de ſe ſervir des aides des jambes.

Il eſt aiſé de comprendre que le mouvement circulaire eſt plus fatigant pour le cheval que le mouvement rectiligne ; cela eſt cauſé par la néceſſité où ſont les jambes de chevaucher continuellement les unes ſur les autres : de cette gêne, plus ou moins grande dans chaque individu, réſulte quelquefois des défenſes qui n'ont d'autre ſource que le defaut de ſoupleſſe. Il eſt même peu de chevaux qui répondent parfaitement aux premieres leçons circulaires, c'eſt pourquoi il faut les y amener peu à peu, & ſe contenter les premieres fois de mêler la leçon rectiligne de quelques toùrs en cercle, & n'en jamais faire plus de deux ou trois de ſuite à chaque main.

Le cheval ſe refuſe quelquefois au mouvement de la rêne qui veut le déterminer ſur le cercle ; plus on ouvre la droite, je ſuppoſe, plus la maſſe tombe à gauche & s'éloigne du centre : ce refus de la part du cheval eſt preſque toujours occaſionné par la faute de l'homme, ſoit parceque ſa partie gauche eſt trop en arriere, ſoit parceque ſa jambe gauche eſt ſans effet, ou que la droite en a trop, ſoit enfin parceque le cheval eſt trop plié. 1°. Si le cavalier laiſſe ſa partie gauche en arriere, & qu'il demande à ſon cheval de tourner à droite, il eſt phyſiquement impoſſible qu'il y reponde ; au contraire, ſa maſſe ſe portera de plus en plus à gauche, pour oppoſer ſes forces à celles de l'homme ; mais ſitôt que le cavalier avancera ſa partie gauche, les obſtacles ceſſeront & le cheval obéira ; 2°. ſi le cavalier, au lieu de ſe ſervir de ſes deux jambes, éloigne abſolument la gauche, pour lors, la droite n'étant plus balancée fera trop d'effet, le cheval la fuira, & ne trouvant rien qui le ſoutienne à-gauche, il y laiſſera tomber ſa maſſe, & dès lors, ſe pliant trop à droite, il y aura impoſſibilité phyſique de tourner: pour parer à cet inconvénient, il faut donc diminuer l'effet de la jambe droite, & faire opérer la gauche, vis-à-vis le centre de gravité, juſqu'à ce qu'elle l'ait jetté à droite.

Il faut obſerver que les chevaux ont ordinairement un côté, ou une main, à laquelle ils ſont plus ſouples qu'à l'autre, ſoit naturellement, ſoit par le pouvoir de l'habitude, qui, comme dans l'homme, le fait droitier, ou gaucher; je n'en chercherai point la raiſon, il ſuffit que le fait exiſte, & communément les chevaux ſe plient plus difficilement à droite qu'à gauche. Le cavalier doit donc s'attendre à avoir plus de difficultés à vaincre à une main qu'à l'autre; mais il ne doit pas pour cela borner ſes leçons à toujours travailler à la main la moins ſouple, car il retarderoit les progrès, en croyant les accélerer; il faut alors, en marchant à gauche, aſſouplir la main droite, & toujours rapporter ſes actions à ſon objet principal. Je ſuppoſe un cheval ſe plaçant avec aiſance à main gauche, & difficilement à main droite; lorſque le cavalier marchera à-gauche, il ne doit preſque point y placer ſon cheval, mais au contraire faire travailler ſa jambe droite très-près du centre de gravité, afin de le jetter à gauche, & lorſqu'il marche à droite, ouvrir beaucoup la rêne droite, en ayant la jambe droite très-en-avant, pour empêcher la maffe de tomber, & lui apprendre à fe redreffer par la rêne gauche, qui doit travailler conjointément avec la jambe oppofée.

Les progrès de ces leçons deviendront fenfibles, &, après les avoir pratiqué quelques jours, le cheval travaillera avec beaucoup plus de liberté, de foupleffe & de grace, fur les lignes droites.

C'eft alors qu'il cherchera de lui même à partir au galop, & qu'en le tenant droit, on peut lui en permettre quelques tems, fans chercher à le raccourcir par l'opération de main, mais feulement à l'appaifer en fe relâchant, & en ayant des jambes très-moëlleufes.

Si le cheval, en fe préfentant au galop, part faux, [*voyez galop*] il faut que le cavalier le remette fur le champ au trot, & le faffe recommencer, en obfervant de fe fervir de fes deux jambes & de la rêne de dehors, pour contenir les épaules parfaitement redreffées, fans quoi il feroit toujours la même faute.

Il eft un inftant à prendre pour faire partir un cheval jufte ; ce n'eft que le liant, & l'ufage qui donnent ce tact ; cet inftant eft [*à-droite*] celui où la jambe gauche de devant & la jambe droite de derriere font en l'air, & vont pofer à terre : fi le cavalier rend alors, & augmente fes aides, le cheval partira néceffairement fur le pied droit.

Il faut éviter tous les moyens auxquels l'ignorance a recours, & que l'on pratique dans certaines écoles pour faire partir les chevaux, tels que de les mettre de travers, & fur-tout à les enlever d'un tems d'arrêt, ce qui eſt contraire à toute eſpece de raiſon : je permettrai tout au plus de profiter d'un coin, ou d'un tournant quelconque, & même on n'en doit faire uſage que pour des chevaux très-difficiles au partir, & s'éloigner le moins poſſible dés moyens ſimples & naturels.

Le cavalier, dans le partir au galop, doit avoir la plus grande attention à ce que ſon corps ne ſoit point ſurpris, & laiſſé en arriere, dans l'inſtant où le cheval s'échappe par un mouvement très-promt, & par lequel les écoliers ſont ſujets à être dérangés.

Le mouvement du galop eſt très-different de celui du trot, & étant une répétition de ſauts, le devant & le derriere du cheval ſont alternativement enlevés, ſelon leur plus ou moins de vigueur, leur plus ou moins de ſoupleſſe, ou leur plus ou moins de qualités ; il faut néceſſairement que le corps de l'homme ſuive ces différens mouvemens, & que ſon corps change à chaque inſtant par rapport à ſon cheval, & jamais par rapport à l'horizon : ce corps ne peut reſter d'à-plomb & perpendiculaire à l'horizon, que par un grand moëlleux dans la charniere des reins, qui forme la ſection de la premiere partie mobile, avec la partie immobile. Le pli des genoux doit être très-lâché, afin que les jambes ne ſoient point enlevées, & portées en avant en même tems que le devant du cheval, ce qui arriveroit, ſi elles ne formoient qu'une ſeule piece avec les genoux, au lieu que cette ſection étant très-moëlleuſe, la ligne verticale des jambes reſte perpendiculaire à l'horizon, près du centre de gravité du cheval, & par conféquent à portée d'accompagner & foutenir fa maffe.

Le cheval ayant fait un tour ou deux de manège au galop, à une main ; on l'en fera changer, afin de lui en laiffer faire [1] autant à l'autre.

Le changement de main fe fera comme au trot, en obfervant d'y fentir un peu plus la rêne de dehors que celle de dedans, afin d'éviter que le cheval, qui ne fe trouve plus contenu par le mur, ne change de pied.

Le cheval, juſqu'à l'extrémité de la ligne G G, fe trouve toujours marcher à droite, & doit par conféquent arriver au point G fur le pied droit ; mais, ayant actuellement à parcourir la ligne G C, il eſt clair qu'il va marcher à-gauche, & galopperoit faux s'il ne changeoit de pied, dans l'inſtant de fon paſſage de droite à gauche : quel eſt cet inſtant de paſſage ? C'eſt le demi à-gauche qu'opère le cheval pour paſſer de la ligne G G fur la ligne G C ; ce demi à-gauche eſt donc le moment qu'il faut prendre pour lui faire changer de pied. Il faut que, dans l'inſtant qui précède la derniere foulée du pied droit de devant, le cavalier marque un tems d'arrêt, en fentant un peu plus la rêne droite que la gauche ; par ce moyen, il contiendra la partie droite du

---

(3) On peut voir par ce terme de *laiffer faire*, que je veux qu'on entende en général, que les jeunes chevaux fe préfentent au galop avant de les exercer à cette allure, à moins qu'étant affuré de leurs forces, on ne leur reconnoiffe un caractere pareffeux.

cheval, il fermera en même tems ſes jambes, &
la droite plus que la gauche, parce qu'il s'agit
de jetter la maſſe ſur le pied gauche ; le cheval
s'y trouvera forcé, & reprendra immanquable-
ment. [1]

S'il arrive qu'au lieu de reprendre net, le
cheval s'arrête au trot, c'eſt une preuve que
les mains du cavalier auront fait trop d'effet, &
les aides pas aſſez. Il faudra donc fermer la
jambe droite juſqu'à l'éperon, & l'appuyer même
vigoureuſement, ſi le cheval balançoit : ayant
été châtié ainſi une fois, ou deux, il reprendra
après au moindre avertiſſement du cavalier.

Il eſt des chevaux, qui, en arrivant au bout du
changement de main, fuyent tellement la jambe
droite du cavalier, qu'ils ſe jettent à gauche, &
s'éloignent du mur, ſans changer de pied : il faut,
ſur de tels chevaux, que les deux mains ſe portent au mur, afin d'y diriger les épaules, & que
la jambe gauche ſerve de ſoutien à la maſſe, ſans
néanmoins détruire l'effet de la jambe droite.

D'autres chevaux, ſe ſouvenant d'avoir été
chatiés au point G, cherchent à éviter la puni-
tion, ſe hâtent de reprendre avant d'y arriver,
& forcent la main de leur cavalier ; il faut les
corriger par le contraire, c'eſt-à-dire, les appaiſer, & les laiſſer plutôt arrêter au trot, que de
ſouffrir qu'ils s'emportent.

Quoique ces différentes operations ſoient aſ-

---

(1) Le cheval, par ſa conſtruction, eſt obligé de
partir ſur le pied droit, ſi la maſſe eſt bruſquement
jettée à droite, & de partir ſur le pied gauche, ſi la
maſſe eſt bruſquement jettée à gauche.

fez fimples & aifées à concevoir , il eft nécefïaire
qu'un maître les démontre par la pratique à fon
écolier ; & il eft indifpenfable, avant que celui-
ci puiffe les mettre en ufage , qu'il ait acquis
un certain taĉt, qui lui enfeigne le moment des
foulées qu'il doit faifir pour opérer avec juf-
téffe.

Des qualités des chevaux.

La fucceffion des leçons que je viens de tracer , eft la feule méthode qui foit conforme à
l'art , & dont on puiffe attendre de véritables
fuccès. C'eft celle que l'on doit généralement
fuivre pour toute forte de chevaux de mon-
ture, à quelqu'ufage qu'ils foient deftinés , & , de
ces premieres leçons, dépendent la fageffe &
quelquefois la force de l'animal pour fa vie ;
mais, parvenu au point où je viens de le laiffer ,
dans la derniere leçon, le cheval n'eft encore
que ce que nous appelons vulgairement, *dé-
bouré*. C'eft en ce moment que l'écuyer peut
porter un jugement certain fur fes difpofitions,
fes forces & fes qualités , & qu'il peut décider le
genre de fervice auquel il eft propre , pour lui
continuer une éducation relative.

Le cheval de manege, ou cheval de parade , le
cheval de guerre, le cheval de chaffe, le cheval de courfe , doivent tous être fains , fouples
& forts , mais différens , par les qualités particulieres au fervice qu'on en exige : je ne m'éten-
drai point fur la totalité des connoiffances qui
doivent fervir à différencier ces chevaux, il
faudroit faire un traité des races & des haras.
Je n'ai à parler que de l'équitation ; ce ne fera

donc que fous ce point de vue que je les en-
vifagerai.

Le cheval deftiné au manège ou à la parade
doit avoir les airs relevés ; c'eft-à-dire, une action, dans les mouvemens de fes jambes, qui
rende fes allures trides, cadencées & brillantes ;
il doit avoir du feu : fans ces qualités, il eft
commun & fans diftinction.

Le cheval de guerre, ou d'efcadron, doit être
plus froid, avoir les allures moins relevées,
mais franches & étendues ; & être d'une taille
& d'une force, qui lui permette de refifter aux
longues fatigues ; trop de légéreté & de fineffe
font des défauts pour lui.

Le cheval de chaffe doit réunir la légéreté
à la vigueur ; fa taille eft de huit à dix pouces ; il faut qu'il ait le rein court, des difpofitions à fauter, & de l'haleine, pour fournir de
longues courfes ; l'ardeur eft un grand défaut
dans ces chevaux.

Le cheval de courfe enfin doit differer de
tous ceux dont nous venons de parler, par une
conftruction fwelte, élancée, & particuliere,
que nous définiffons vulgairement en difant
qu'un cheval a de la race. Les allures de ces
chevaux ne font nullement relevées, mais au
contraire fort rafantes ; ils font & doivent être
peu chargés de chairs, d'une encolure mince ;
ils n'ont d'apparence qu'aux yeux des vrais connoiffeurs : mais quelles regles, quels principes
donner fur la connoiffance de la bonté & des
différentes qualités des chevaux ? La théorie feroit bien fautive, fi elle n'étoit fécondée d'une
pratique d'équitation, qui donne, par le fenti-

ment, le tact le plus sûr; puisque les yeux ne peuvent juger que l'extérieur, tandis que l'assiette de l'homme de cheval juge de la force & de l'élasticité des ressorts: Que l'on fasse bien attention à ceci, l'expérience le prouve tous les jours, nous avons beaucoup de gens sans doute qui connoissent véritablement les proportions du beau cheval, & les târes auquel il est sujet, encore plus qui y prétendent, mais très peu qui jugent sainement de la bonté d'un cheval: qui est - ce qui n'a pas vû d'excellens chevaux avec des jarrèts gras & étroits, & des rosses avec des jarrèts larges & secs ? ici la théorie est en défaut, &, malheureusement, ce n'est pas dans cette seule occasion, où ces anatomistes de jarrèts se trompent : j'engage mes lecteurs à conclure avec moi, que la théorie & la pratique de l'équitation font deux connoissances également indispensables pour procéder à un bon choix, & sur-tout, pour porter un jugement sain sur les qualités & la bonté d'un cheval; c'est ce dont ils se convaincront tous les jours davantage, en s'initiant dans notre art.

Le cheval de manège devant avoir l'éducation la plus perfectionnée, est celui dont je vais continuer à parler dans les leçons suivantes, indiquant dans ma route les différences principales que l'on doit observer pour les chevaux de guerre & de chasse.

Des Piliers.

Je ne conseille ni à la cavalerie, ni aux chasseurs, ni aux amateurs de chevaux de course, de faire ufage de piliers dans l'éducation de leurs chevaux ; ils n'en retireroient que peu d'avantages, & perdroient un tems qu'ils employeroient beaucoup mieux à allonger leurs chevaux fur de grands cercles, & plus encore fur des lignes droites ; mais cette leçon, donnée par un habile maître, à un jeune cheval deftiné au manège, devient très-utile, en donnant une grande juftefle, & un grand liant aux refforts de l'animal, en lui faifant plier les articulations avec grace & agilité, & lui apprenant à repartir proportionnellement le poids de fon corps fur les jambes pofantes à terre, ce que j'appelle fe raffembler.

Cette leçon eft excellente pour les chevaux qui ont quelques difpofitions à s'appuyer fur la main, & qui fe fervent peu de leurs hanches, ou qui ont l'habitude de laiffer tomber leur maffe à-droite ou à-gauche : Elle doit être donnée au cheval quand il commence à être affoupli, & qu'il a déja fait quelques tems de galop; fi on la lui donnoit avant, on lui demanderoit l'impoffible.

Il faut que le cheval foit attaché dans les piliers, de maniere que, donnant dans les deux cordes, qui doivent être égales, il dépaffe les piliers en avant de toute l'encolure, enforte que le garot de l'animal & les deux piliers foient à-peu-près fur la même ligne.

Après avoir mis le cheval dans le caveçon [qui ne doit le ferrer de nulle part], on le careffera, &, le prenant par le bridon, on l'attirera en avant, pour le faire donner dans les deux cordes, & voir fi elles font parfaitement égales ; le

tout ainſi préparé, celui qui tient la chambriere,
la montrera, en ſe tenant un peu ſur la droite, &
en arriere de l'animal ; &, en l'élevant moëlleuſement, il appellera un petit tems de la langue,
afin d'exciter le cheval à avancer & donner dans
les cordes. Si le cheval y répond bien, une perſonne, qui ſe tiendra au pilier gauche, & par
conſéquent à l'épaule du cheval, le flattera. Nombre de chevaux reculent avec colere, ou épou-
vantés, lorſqu'ayant donné dans les cordes,
ils en éprouvent la réſiſtance ; il ne faut point
les battre, mais beaucoup les flatter, & réitérer la montre de la chambriere, beaucoup plus
moëlleuſement, afin que le cheval donne dans
les cordes ſans à-coup : quand il ne reculera
plus, celui qui tient la chambriere paſſera de
l'autre coté du cheval, en le faiſant ranger, &
en le flattant de la voix ſitôt qu'il aura obéi ; il
lui fera exécuter la même choſe, alternativement,
aux deux mains ; obſervant toujours de lui montrer la chambriere un peu en arriere, & vis-à-
vis le centre de gravité. Ces premieres leçons
doivent être repetées pluſieurs fois, ſans exiger
autre choſe du cheval, que de le faire donner
dans les deux cordes, & le faire ranger aux
deux mains. Lorſqu'il pratiquera bien ces premieres leçons, on commencera à lui demander
quelque tems de piaffer. Pour cela, le cheval
étant dans les cordes, à main droite, je ſuppoſe,
c'eſt-à-dire, étant rangé à gauche, & légérement
plié à droite, celui qui tient la chambriere étant
placé un pas en arriere, & ſur la droite de la
jambe droite du derriere du cheval, réitérera
ſes mouvemens de chambriere de bas en haut,

fon bras droit étendu, de forte que, dans ce mouvement, la courroïe touche le cheval entre l'é-
paule & le ventre, avec plus ou moins de force,
felon la lenteur & la fenfibilité de l'animal ;
fitôt qu'il a obéi, la chambriere doit ceffer, &
on doit le flatter, pour lui faire connoître qu'il
a bien fait. Si les mouvemens de chambriere
font moëlleux, lents, bien égaux & bien doux,
ils ne feront qu'une aide, ou un avertiffement
pour le cheval ; il ne s'y défendra pas, & fes
mouvemens de piaffer ne feront point forcés,
mais naturels, c'eft-à-dire, que ce fera de fimples flexions dans les articulations des quatre
colonnes, pour lors, la leçon fera inftructive &
non dangereufe ; mais fi les mouvemens de
chambriere font trop fecs, trop rapides, fans
fuite ; ils deviendront châtiment, le cheval s'y
défendra, ruera, fera des pointes (*toujours aux
dépens des jarrêts*) ; les tems de piaffer ne s'o-
péreront que fur l'arriere-main, & les épaules
fe roidiront.

Cette leçon eft toujours ou très-bonne ou
très-mauvaife ; elle ne fauroit être donnée avec
trop de circonfpection ; elle doit toujours être
très-courte, & donnée au cheval lorfqu'il fort
de l'écurie, avant de le monter, parcequ'un
cheval qui feroit fatigué y répondroit mal ; on
la continue jufqu'à ce qu'on en ait retiré le
fruit qu'on en attendoit.

La théorie ne fuffit pas pour mettre quelqu'un en état de donner cette leçon avec avantage ; il faut de la pratique, & avoir long-tems
manié la chambriere, pour pouvoir prétendre
s'en fervir fans inconvénient. Les principes que

Je viens de décrire ne font que des principes généraux, très-infuffifans pour la parfaite exécution : il faut abfolument renvoyer à la pratique fous un habile maître.

De l'embouchure & de fes effets.

On appelle embouchure, toute machine paffant dans la bouche du cheval, à l'effet de le mener & l'avertir des volontés du cavalier.

Si je ne confidérois l'embouchure des chevaux que relativement à l'équitation, à peine ce chapitre trouveroit-il place ici, puifque la plus légére attention fuffit pour donner au cheval un mors qui lui convienne ; c'eft ainfi, du moins, que l'homme de cheval envifage cette partie ; il ne regarde la bride que comme un moyen fecondaire ; il rapproche les différences que l'on a multipliées à l'infini, fur les formes & proportions des mors. C'eft l'ignorance des écuyers qui a fait de l'éperonnerie un art de charlatanifme : tout le monde veut monter, maîtrifer & dreffer des chevaux, & peu de gens ont fait un fuffifant apprentiffage de ce metier difficile ; non-feulement on n'eft pas de bonne foi fur fes talens, mais encore on fe trompe foi même, on s'adreffe à un éperonnier pour trouver les moyens de mener un cheval, qu'une mauvaife affiette & une mauvaife main ont mis de travers, & ont fait défendre ; on encourage l'artifte mercénaire, on lui perfuade aifément que fon art eft un art effentiel & profond, il faut bien que celui-ci à fon tour prenne un air fcientifique ; il paffe les doigts dans la bouche du

cheval, palpe les lèvres, les barres, la langue;
le voilà magicien, il parle beaucoup, vous dit
des mots que vous n'entendez pas, & qu'il ne
comprend certainement pas lui même; n'importe, il ajuste un mors; il vous répond de son
effet, & vous vous retirez content : le cheval, in-
timidé & étonné de la nouvelle machine qu'on
lui a mis dans la bouche, paroit en effet plus
obéissant, mais cette victoire n'est pas longue;
comme le cavalier n'a rien acquis, les fautes du
cheval reviennent bientôt par les mêmes causes
que ci-devant; on a recours à un autre éperonnier, qui vous trompe encore, & vit à vos dépens; & comment cela n'arriveroit-il pas? lorsque tous nos livres, tous nos traités de cavalerie font des raisonnemens à perte de vue sur la
configuration & les proportions des différentes
parties de la bouche & du mors. A dieu ne
plaise, que, séduit par ce rabachage, je copie les
auteurs contemporains comme ils ont copié
leurs devanciers. Si l'on a bien lû mon livre
jusqu'ici, on ne me saura certainement pas mauvais gré de passer légèrement sur un article,
qui, j'espere, paroîtra de fort peu d'importance
à ceux qui m'auront bien compris dans ma maniere de mener les chevaux.

Mais si ce n'est pas relativement à l'équitation, à l'écuyer, ni au manège que j'ai à parler
des embouchures; je dois ici donner mes soins
pour préserver la cavalerie de l'usage dangereux
qu'elle en fait quelquefois, ainsi que les chasseurs & les amateurs de chevaux. J'ai recom-
mandé à l'article de l'équippement de la cavalerie,
de ne se servir que de simples canons à branches

ches droites, je vais en donner la raison :
ce n'eſt jamais par la force qu'il faut prétendre maîtriſer les chevaux, ſes effets ſont in-
ſuffiſans, s'ils ſemblent réuſſir quelquefois,
c'eſt toujours en produiſant d'extrèmes déſordres & d'extrèmes dangers. Il ſuffit que l'animal reçoive par la ſenſibilité de ſa bouche
l'avertiſſement du cavalier, & que cet avertiſſement devienne légèrement douloureux ſi
le cheval ne l'écoutoit pas ; toute embouchure produiſant cet effet eſt ſuffiſamment forte. La nature n'a point différencié les bouches
des chevaux autant qu'on a crû le remarquer,
& qu'on a voulu le faire croire : tous les poulains quelconques ſont obéiſſans au bridon ;
c'eſt avec cet ajuſtement que l'homme de cheval les accoutume au joug, & avec un plus
fort & qui cauſeroit une preſſion plus doulou-
reuſe, il déſeſpéreroit l'animal. Si le bridon eſt
obligé de travailler davantage ſur l'un que ſur
l'autre, ce n'eſt pas qu'un tel cheval y ſoit moins
ſenſible, qu'il ſente moins l'effet de la main de
ſon cavalier, mais c'eſt que plus ardent, moins
ſouple, plus foible dans ſon derriere, l'attitude
genée qu'on lui donne le contrarie trop, & il
cherche à la fuir ; ce n'eſt donc pas la preſſion
ſur les levres, ni ſur les barres qu'il faut augmenter, mais il faut appaiſer le cheval, l'aſſouplir, & dans le dernier cas ſur-tout, réduire
preſqu'à rien l'effet des mains. Ceci ſera aſſez
clair pour ceux qui ont vû beaucoup de chevaux, parce qu'ils ont rencontré ſouvent des
hommes très-vigoureux, employant toute la
force dont ils étoient capables, emportés par

Tome III.   I

des chevaux qu'un homme plus habile qu'eux menoit avec la plus grande facilité, en ne se servant que d'un seul bridon. Dans ce métier-ci la théorie ne suffit pas, je l'ai déja dit, & il est necessaire de le repeter, il faut pratiquer & beaucoup voir; j'engage donc mon lecteur à se transporter souvent sur ces terreins où l'on pousse les chevaux à des courses rapides, où des escadrons font des simulacres de charges, qui ressemblent si souvent à des simulacres de fuite, par le désordre qui y regne; c'est là où il verra les hommes les plus forts emportés par les plus petits chevaux, dont ils mettent pourtant la bouche en sang; assurément on ne peut pas douter que le mors ne fasse assez d'effet, & pourtant il ne suffit pas. Est-ce à l'éperonnier à remédier à cet inconvénient? non, sans doute: tant que votre cavalerie ne sera pas plus instruite, des cabestans ne suffiroient pas pour rendre les cavaliers maîtres de leurs chevaux, & donner de l'ensemble aux escadrons. Que l'on s'occupe donc beaucoup moins de toutes ces inspections de bouche, & de toutes ces divisions entre bouches trop sensibles, bouches ardentes, bouches fortes, bouches qui évitent la sujettion du mors, barre sourde, barre tranchante, barre ronde, barbe grasse, barbe maigre, &c. &c. &c. que l'on se borne à donner à toutes ces bouches, à toutes ces barres, & à toutes ces barbes l'embouchure la plus douce, un simple canon entier (1), ajusté à la proportion de la bou-

____

(1) La brisure du mors ne sert point à l'adoucir, car elle doit être sans mouvement, si elle en avoit, on

che, c'est-à-dire, qui ne soit ni trop large ni trop étroit, & dont l'angle, formé par les deux canons, donne assez de liberté à la langue, que le canon porte sur les barres à un pouce au-dessus des crochets. Si les levres sont rentrantes & couvrent les barres, que les fonceaux soient plus droits, avec liberté de langue, afin de ne pas faire rentrer la levre. Ces deux points de contact du mors étant bien pris, la maniere dont le cheval porte la tête & l'encolure, doit décider de l'espece des branches. C'est en les allongeant ou en les raccourcissant, que l'on peut augmenter ou diminuer la force du mors & son effet. La branche suit absolument en cela la propriété des bras de leviers. Je ne ferai point ici des démonstrations qui demandent des notions de mécanique, que tout le monde peut avoir, ou se procure aisément; mais, quoique je reconnoisse les différens effets des branches re-latifs à leur forme, je me garderai de conclure, comme presque tous les auteurs, que la figure & les proportions du corps du cheval & de ses jambes doivent en déterminer le choix : autre charlatanerie préconisée par l'ignorance. La po-sition naturelle de la tête & de l'encolure du cheval doivent être les seules regles à cet égard. 1°. on augmentera la force du mors & on ra-mènera la tête du cheval en allongeant les bran-ches, celles-là conviennent donc davantage au cheval qui porte au vent.

---

sent aisément que le fonçeau se dérangeant de dessous la barre, son effet seroit sans justesse.

2°. On relèvera la tête & l'encolure du cheval qui auroit de la difposition à s'encapuchonner, en ayant des branches plus courtes, & en faifant opérer la main dans une direction moins perpendiculaire au bras de levier.

On voit que ce principe de conftruction de mors a la même bafe que celui qui détermine la direction du travail de la main du cavalier, comme je l'ai déja fait voir. Si le mors n'étoit point fixé fur la barre, fon effet feroit nul. L'œil du banquet fert à l'empêcher de defcendre, & la gourmette l'empêche de tourner & faire la bafcule. Les gourmettes à la françoife, compofées de gros chainons bien proportionnés & bien polis, font généralement celles du meilleur ufage, en ce qu'elles font moins incifives, & font un effet plus égal dans tous les points de contact. La gourmette doit être ferrée à une ligne de la fenfibilité, c'eft-à-dire, qu'elle ne doit être abfolument fans effet que quand la main du cavalier n'en fait aucun : tout l'art de l'éperonnier confifte donc à être bon forgeron & à placer les gourmettes avec juftefle pour empêcher la bafcule.

Près du fommet de l'angle des canons, ou fur la liberté de langue, je voudrois que l'on plaçât quelques anneaux mobiles, qui font dans la bouche du cheval l'effet d'un inftrument connu fous le nom de maftigadour. Les hongrois fe fervent de cette méthode pour faire gouter le mors à leurs chevaux ; je l'ai effayé fur les miens & je m'en fuis très-bien trouvé.

Les premiers jours que l'on met une bride au cheval, il eft très-à-propos de lui laiffer dans

la bouche un grand bridon au lieu d'un filet,
afin de ne fe fervir de la bride que lorfque le
cheval fera habitué à l'embarras qu'elle lui
caufe, le tems que l'on perd en employant cette
précaution, eft bien regagné par l'affurance où
l'on eft de ne point trouver de réfiftance de la
part de l'animal, lorfqu'on abandonnera les rênes du bridon pour prendre celles de la bride,
& l'on commencera toujours par s'en fervir fur
les lignes droites ; pour donner au cheval la connoiffance des rênes de la bride, on pourra les
employer féparément, faifant attention dans les
commencemens, de joindre l'avertiffement de la
rène droite du bridon à l'effet de la rène droite
de la bride, car c'eft un principe général, dans
l'inftruction des chevaux, de fe fervir toujours
d'une aide, ou d'un moyen déja connu, pour
donner la connoiffance de celui qui eft ignoré.

J'obferverai encore, que, lorfqu'on a pour
objet d'arrêter ou diminuer le train de l'animal,
il faut que l'effet de la main gauche fe faffe également fentir fur les deux barres. Le cavalier
qui aura une pofition jufte, le bras gauche moëlleux & la main fenfible, formera une bouche
fenfible à fon cheval, parce qu'il n'abufera pas
de la preffion continuelle du mors fur la barre,
preffion qui la rendroit fourde & calleufe.

L'expérience la plus fuivie fait voir, que l'homme de cheval donne & entretient la fineffe des
aides dans l'animal le plus groffier, tandis que
l'ignorant détruit la fenfibilité du cheval le plus
diftingué. L'art nous rend donc maîtres de ces
différences, & l'homme inftruit, qui eft chargé

d'un travail, peut le conduire d'une maniere relative aux fervices qu'on exige des chevaux.

Je ne parlerai ni des bridons à l'italienne, ni
des mors à la turque, & de toutes les machines
inventées pour foumettre les chevaux à l'obéiffance, bien convaincu que ces reffources font
abfolument inutiles, lorfqu'on a reuni la théorie
& la pratique de notre art.

Des Pas de côté.

Un cheval ne feroit ni fuffifamment affoupli
ni fuffifamment obéiffant, s'il n'étoit fufceptible
que des mouvemens directs & circulaires pour
pouvoir le redreffer, changer la direction de fa
marche, le gouverner avec facilité, & le mettre à même de fuivre tous les mouvemens de
l'efcadron, il faut encore qu'il puiffe faire des
pas de côté, c'eft-à-dire, faire chevaucher fes
jambes l'une fur l'autre. En effet, foit dans l'a-
lignement des rangs, foit dans l'obfervation des
chefs de file, foit dans les converfions, les chevaux font fouvent obligés d'appuyer foit à droite foit à-gauche, nos efcadrons même opérent
ces mouvemens en maffe, & l'ordonnance nous
les indique par les commandemens de *main à-
droite* ou *main à-gauche*: c'eft donc mal-à-pro-
pos que des préjugés contre l'inftruction du
manège ont révoqué cette leçon de l'inftruction
de la cavalerie, je la juge néceffaire & indifpenfable, mais je vais l'expofer d'une maniere plus
fimple, en rejettant les termes fcientifiques de
nos anciens auteurs, confervés par nos écuyers
modernes. *Main à-droite* ou *main à-gauche* fera

(135)

la feule expreffion de la marche oblique, quoique fa direction puiffe être variée autant qu'il
y a de degrés dans le quart de la circonférence, mais ces directions fe trouvent déter-
minées par les points de vue ou d'alignement,
que l'on indique toujours. Les chevaux doivent encore connoître des pas de côté circulaires, exprimés en termes de manège, par
voltes renverfées ou *hanches en dehors.* C'eft l'expreffion du mouvement des files de fecond
rang dans les converfions. Je nommerai donc
ces pas de côté, mouvemens de converfion;
commençons par les pas de côté en ligne
droite.

On n'exercera les jeunes chevaux au pas de
côté, que lorfqu'ils auront été primitivement
affouplis fur les trois allures directes du pas,
du trot & du galop, & lorfqu'ils feront obéiffans aux aides des rênes & des jambes. Le maître jugeant un cheval à ce point d'inftruction,
choifira le moment où le cavalier arrivera dans
l'un des coins du manège au point A, par exemple, pour lui commander *main à-droite.* Le
cavalier laiffant entâmer la nouvelle direction
A B par les épaules de fon cheval, formera un
tems d'arrêt avec fes deux rênes, & fermera fa
jambe gauche pour porter la maffe à-droite: fa
jambe droite n'aura d'autre effet, que de fe fermer légérement pour empêcher le cheval de
reculer. Il continuera à porter la main gauche
à-droite, faifant fentir la rêne droite au cheval, affez pour lui indiquer la détermination de
fa marche fur cette nouvelle ligne, & il fen-
tira un peu plus fortement la rêne gauche, pour

I iv

contenir fes épaules, pendant que l'action fuivie & continuelle de fa jambe gauche, entretiendra le mouvement de la maffe à-droite, &
contiendra les hanches vis-à-vis des épaules. Le
cheval, fuyant la jambe gauche, fera obligé de
faire chevaucher les jambes gauches fur les
droites. Ici le mur eft d'un grand fecours, en
ce qu'il aide le cavalier à contraindre le cheval à l'obéiffance ; cette leçon s'exécute toujours
avec d'autant plus de fuccès, que le cheval a
primitivement acquis plus de foupleffe. Il en
eft pourtant qui s'y défendent, foit en reculant,
foit en fe jettant fur la jambe gauche du cavalier au lieu de la fuir ; alors, il faut augmenter
les moyens d'y forcer le cheval ; on lui mettra un caveçon, dont un homme à pied tiendra
la longe, près du mur & à la gauche du cheval : l'inftructeur fe placera auffi à-gauche &
en arriere du cheval, auquel il montrera la
chambriere, & dont il l'attaquera fortement,
s'il refufoit l'obéiffance à la jambe gauche du
cavalier, & il lui en envelopperoit la croupe,
s'il reculoit : l'effet du caveçon eft d'arrêter les
épaules par de légéres faccades, fi elles chemi-
noient trop vivement, ou fi, malgré l'effet de
la rêne gauche, elles tournoient à-droite.

Les petites défenfes des chevaux à cette leçon ne doivent point étonner ; les précautions
& les moyens que je viens d'indiquer, employés deux ou trois fois, fuffifent pour affu-
rer l'obéiffance du cheval. Le cavalier doit avoir
la plus grande attention, à ce que fon affiette
& fon corps ne reftent point à-gauche, tandis
que le cheval chemine à-droite. Il faut dans

cette leçon, comme dans toutes les occasions possibles, que ses fesses soient chargées bien également, & que la ligne de son corps conserve une position verticale à l'horison. Arrivé au coin B, ceux qui tiennent la chambriere & la longe du caveçon doivent passer du côté droit, & le cavalier doit, pour revenir à-gauche, employer les moyens contraires à ceux que nous venons d'indiquer, pour cheminer à-droite.

Il faut attendre que le cheval soit bien obéissant à cette leçon, pour lui donner celle des pas de côté sur les cercles, c'est-à-dire, avant de lui faire faire le mouvement de second rang dans les conversions. X

A moins que le cheval ne soit très-assoupli, très-obéissant, & celui qui le monte très-instruit & très-familiarisé avec ce genre d'exercice, lorsqu'on voudra faire exécuter au cheval, *le mouvement de conversion*, on lui mettra un caveçon, dont un homme à pied tiendra la longe au centre du cercle que l'on voudra décrire : marchant à-droite, je suppose, sur le cercle D, le cavalier fera un tems d'arrêt, pour arrêter les épaules, & ouvrira la rêne droite pour les amener sur la direction d'un rayon du cercle, il fermera sa jambe droite pour faire cheminer la masse à-gauche, ranger les hanches, & donner au corps du cheval la direction du rayon. L'aide de la rêne gauche doit alors déterminer les épaules à parcourir le cercle D, la jambe droite continuer à se fermer, pour faire parcourir au centre de gravité le cercle B, & nécessairement les hanches du cheval chemineront sur le cercle A. On voit que les mains doivent arrêter &

diriger les épaules à entâmer le cercle D , &
les jambes s'accorder avec leur effet, pour que
le centre de gravité & les hanches du cheval
parcourent en même tems les cercles B & A,
la jambe gauche du cavalier eft deftinée à ba-
lancer l'effet de la jambe droite, fi le cheval la
fuyoit avec trop de précipitation, ou qu'il vou-
lût reculer. Celui qui tient la chambrière, peut
aider à ce mouvement, en fe tenant à-droite
du cheval, pour chaffer les hanches, fi leur
mouvement étoit trop lent. Il eft affez ordinaire, que les chevaux fe portent par élan fur
le centre du cercle ; c'eft pourquoi, celui qui
tient la longe du caveçon, doit s'oppofer à ce
défordre, en donnant de légéres faccades de
haut en bas fur le nez du cheval, cela fert auffi
à arrêter les épaules, fi elles avoient trop de
tendance à s'abandonner à-gauche.

Lorfqu'on aura fait deux tours à-droite, on
changera le cheval de main, en lui faifant tra-
verfer le diamêtre du cercle, & en employant
les moyens inverfes pour le plier à-gauche, les
leçons ne doivent jamais être pratiquées qu'au
pas : données avec intelligence, elles achèvent
d'affouplir un cheval , & lui donnent une attention & une obéiffance parfaite, dont on s'ap-
perçoit après dans la marche directe, où le
cheval fe place avec la plus grande facilité.

Si-tôt que l'on a un certain nombre de chevaux, qui ont eu deux ou trois fois cette leçon, il faut les y exercer enfemble fans caveçon, & tous les jours finir ainfi leur travail
d'école.

Des différentes manieres dont on exerce les chevaux dans les maneges.

DES SAUTEURS.

En ramenant l'art de l'équitation, au feul objet de dreffer les chevaux, pour nous rendre des fervices vraiment utiles, nous éloignerons de nos écoles tout ce qui eft connu aujourd'hui, fous le nom *d'airs relevés*: nos leçons fe borneront à parcourir différentes lignes, tantôt à-droite, tantôt à-gauche, fur les trois allures, & à faire quelques pas de côté; nous fimplifierons notre langage, en ne nous fervant que d'expreffions connues & familieres dans la cavalerie, & notre travail aura dès fon commencement une diftribution fimple & utile.

Nous rejetterons entiérement l'ufage des fauteurs, dreffés avec tant de rifques & de peines, comme n'étant d'aucune utilité, puifqu'il n'eft pas rare de voir, que des écoliers, quoique très-fermes fur cette efpece de chevaux, font défarçonnés par un cheval dont les mouvemens font irréguliers. L'homme de cheval n'acquiert de la tenue, que par l'habitude de monter des jeunes chevaux, qui s'abandonnent à toutes fortes d'écarts & de contretems. C'eft au maître à proportionner les difficultés aux forces de fes écoliers, & à les conduire d'une maniere proportionnelle à leurs progrès.

Des maîtres & de la pratique.

La lenteur des progrès, dans tous les arts, doit être plus souvent imputée à la médiocrité des maîtres, qu'au manque de difposition des écoliers: rien de fi difficile que de bien montrer; nul n'eft trop favant pour cet emploi: voilà mon avis, d'après lequel on peut juger combien je bláme l'ufage général, où eft la cavalerie, d'abandonner le foin de l'inftruction à des bas-officiers, qui n'ont ordinairement qu'une groffiere routine, font fans aptitude pour juger les défauts de leurs éléves, & fans talens pour s'énoncer d'une maniere jufte & précife, communiquer leurs penfées fur un art, dont on n'eft jamais en état d'expofer les principes, fi on ne les pofféde à fond.

La fureur des ignorans eft de donner leçon; ils fe fervent des mots qu'ils ont retenus de leurs maîtres, & débitent au hazard ces ridicules litanies, que nous entendons pfalmodier dans nos manèges [1].

Les officiers de cavalerie ne font pas feulement faits pour fe battre à la tète de leurs troupes, ils doivent encore les inftruire; c'eft eux feuls que cette charge regarde, parce qu'elle ne peut être bien remplie que par eux; leur éducation les rend propres à acquérir &

---

(1) Quelqu'un difoit au fameux Marcel : Pourquoi n'avez-vous pas un Prévôt pour commencer vos écoliers ? „ C'eft, répondit le danfeur, que je ne fuis pas trop favant pour montrer à faire la révérence. „

à tranfmettre les connoiffances de leur métier, il faut que la conftitution & la difcipline militaire les conduifent à ces fonctions, fi on les rappelle auffi à leurs devoirs ; fi l'on élève des écoles où l'on travaille l'art de la cavalerie, les principes fe développeront & s'affermiront ; un nouveau jour, & de nouvelles connoiffances, donneront bientôt un ouvrage fupérieur à celui que j'ai ofé entreprendre ; mais, loin de craindre d'être relégué dans la claffe des vieux auteurs, j'afpire à la gloire de provoquer les talens de ceux que la nature a doué de plus de moyens que moi, pour perfectionner l'inftruction la plus utile.

CHAPITRE XIII.

Ecole particuliere des régimens à cheval.

C'EST d'après les principes reçus dans l'é-
cole générale, qu'il s'agit de former les écoles
particulieres des régimens, & d'en regler le
travail.

La cavalerie, en tems de paix, ne peut avoir
d'autre occupation, que celle de s'entretenir
dans l'exercice continuel des détails de sa tactique; son travail doit donc être reglé, & déterminé de la maniere la plus avantageuse à cet
objet.

Ses exercices journaliers ne peuvent être
absolument uniformes, &, quand même les sai-
sons & la quantité des objets qui composent
son instruction, permettroient de répéter tous les
jours les mêmes choses, il faudroit encore éviter cette monotonie, plus propre à inspirer le
dégoût, qu'à perfectionner son instruction.

Mais tous les chefs militaires me pardon-
neront-ils d'enchaîner par des loix leur volonté
despotique, à laquelle nos ordonnances ont
laissé jusqu'ici un libre cours ? Non sans doute,
& ceux auxquels la constitution, la discipline
& la comptabilité, que j'ai proposé, ont dé-
plus, réjetteront comme bien plus absurde encore, la prétention que j'apporte, à rendre l'instruction uniforme & absolue dans sa pratique,
comme dans sa théorie. Je le fais, mon système

eſt trop nouveau, & trop oppoſé à toutes les idées reçues, dans les cercles de la capitale ſurtout, pourque je puiſſe eſpérer beaucoup de partiſans, parmi ceux qui les compoſent. J'ai bien ſenti, en prenant la plume, qu'il falloit ou m'attirer des ennemis puiſſans, ou renoncer à dire librement la vérité, mais je me fais gloire d'avoir toujours mépriſé la crainte, & rejetté l'intérêt, pour ne ſuivre que les principes de l'homme honnête qui écrit.

Je n'ai ceſſé de dire, que nos ordonnances devoient tout prévoir, & toujours commander conſéquemment à ce principe, ſource de tout ordre & de toute juſtice ; les écoles particulieres des régimens doivent être ſoumiſes à des loix uniformes & invariables. Je vais offrir le cannevas d'un tableau de travail, qui montrera au moins la poſſibilité d'en établir un plus parfait.

ARTICLE PREMIER.

Obligation de Meſſieurs les officiers, relativement à l'inſtruction.

Aucun ſujet ne ſeroit propoſé à l'emploi de ſous-lieutenant, qu'il n'eût été deux ans cadet gentilhomme dans la gendarmerie, où il auroit été exercé à l'équitation, & à tous les détails des manœuvres, ſoit à pied, ſoit à cheval. Au moyen de ce, jamais un officier ne ſe trouveroit dans le cas de paſſer dans un régiment, qu'il ne fut en état de commander les hommes qu'on lui confie.

Si, malgré ce noviciat, il arrivoit un sous-lieutenant, qui ne fut pas suffisamment instruit des principes d'équitation, des exercices & des évolutions de l'arme dans laquelle il entreroit, il travailleroit aux secondes classes de son régiment, jusqu'à ce que le Mestre-de-camp jugeât cet officier en état de commander sa troupe. C'est dans ces premiers momens qu'il faut être extrêmement rigide, & j'ai toujours pensé, que c'étoient les seuls où l'on pût instruire parfaitement l'officier.

Rien de si facile, après, que d'entretenir cette instruction ; il n'y a qu'à mettre l'officier dans le cas de faire, & pour cela, que chacun commande de tems à autre sa compagnie, ou même des classes d'instruction. Cette pratique est bien au-dessus, sans doute, de ces théories par demandes & par réponses, dont la formule est celle des catéchismes de village, & qui ne peut être celle de l'instruction d'un homme de guerre ; aussi voyons-nous nombre d'officiers, réciter littéralement leur ordonnance, se tromper & même perdre la tête, lorsqu'il faut pratiquer sur le terrein.

Le major, qui, selon nos principes, doit toujours être un officier choisi, & distingué par la connoissance de son métier & par ses talens, sera spécialement chargé de suivre tous les détails de l'instruction, & de rectifier les principes & les méthodes de tous les officiers & bas-officiers qui feront les fonctions de maîtres.

On formeroit donc une classe de tous les officiers qui ne seroient pas suffisamment instruits
dans

ans l'art de monter à cheval; s'il y avoit des
apitaines dans ce nombre, cette claſſe feroit
xercée par le major; ſi elle n'étoit compoſée
ue de lieutenans & ſous-lieutenans, elle pour-
oit être exercée par un capitaine, choiſi parmi
eux qui auroient des talens reconnus, mais
n obſerveroit rigoureuſement de ne jamais faire
ommander, ni inſtruire un officier, d'un grade
upérieur, par un officier d'un grade inférieur.

A r t. I I.

Inſtruction des Recrues.

Les recrues feront exercées tous les matins
deux heures à cheval, & tous les ſoirs une
heure à pied.

Les capitaines devant ſeuls répondre de l'inſtruction de leurs recrues, pour les exercer à
pied, ils choiſiront dans leurs compagnies un
nombre d'inſtructeurs, en officiers ou bas-officiers, proportionnel au nombre des hommes à
inſtruire.

Les principes élémentaires de la marche &
des alignemens, ſont les mêmes que ceux de
l'infanterie, je ne m'y arrêterai donc pas, non
plus que ſur les petites variétés, qui doivent
ſe trouver entre le maniment du fuſil & celui det mouſqueton, n'ayant point prétendu
faire une ordonnance complette, mais ſeulement montrer les principes, que les rédacteurs
de ces ſortes d'ouvrages ne doivent jamais perdre de vue.

Le major nommera ſur la totalité des compagnies, un officier & plufieurs bas-officiers, pour donner les premieres leçons d'équitation, conformément aux principes que nous avons expofés dans le chapitre précédent. On ne doit point craindre de multiplier le nombre de ces inftructeurs, lorfque les principes feront une fois reconnus & unanimes. Les progrès, au contraire, feront toujours accélérés en raifon de la multiplicité des leçons, & par conféquent des maîtres.

Pour cette école à cheval, les recrues qui auront des chevaux faits les monteront, ceux qui auront des chevaux neufs ne les monteront pas, mais on leur en affectera d'autres, choifis parmi les chevaux faits qui vont à l'efcadron.

On aura auffi un cheval de bois, fur lequel on exercera les recrues à fauter légérement en felle. C'eft un moyen de plus pour avoir des cavaliers leftes & adroits.

A r t. I I I.

Seconde claffe à pied.

On établira pour la totalité des compagnies, une feconde claffe à pied, qui fera toujours commandée par un lieutenant ou un fous-lieutenant, à tour de rôle. Ce fervice fe fera par femaine & aux mêmes heures que les recrues, c'eft-à-dire, une heure tous les foirs; les recrues pafferont à cette claffe, à mefure qu'ils feront fuffifamment inftruits des principes élémentaires.

Les cavaliers de seconde classe, seront sur deux rangs, & formés sur les mêmes principes que l'escadron ; ils seront exercés au maniment d'armes, au tirer & aux manœuvres : celles-ci doivent être absolument les mêmes qu'à cheval, mêmes commandemens, mêmes principes, les distances seules varient avec les proportions des espaces occupés par les individus.

ART. IV.

Seconde classe à cheval.

On établira de même pour la totalité des compagnies, une seconde classe à cheval, commandée par un officier, capitaine ou autre, choisi par le major, parmi les officiers qui auront le plus de connoissance des principes d'équitation & de manœuvres. Cet officier choisira ses aides parmi les lieutenans & bas-officiers. On fera passer à cette classe les recrues, à mesure qu'ils se trouveront suffisamment instruits des principes d'équitation ; là, chaque cavalier montera son cheval, à moins qu'il ne soit encore dans la classe des chevaux neufs, dont nous parlerons ci-après. Les cavaliers seront rangés sur deux rangs, & formés sur les mêmes principes que l'escadron.

Supposant que l'on soit dans un manège, on divisera le travail en deux, trois, ou quatre reprises, suivant le nombre des cavaliers ; dans la premiere reprise on marchera au pas seulement, pour rectifier la position du cavalier, qui aura le sabre à la main : on lui indi-

quera les moyens de tenir son cheval parfaitement droit , & tellement à son chef de file,
qu'une ligne droite, supposée passer par le bout
du nez du cheval de la tête, sorte par la queue
du dernier cheval, observant entre chaque
rang, la distance d'un pied mesuré de tête à
queue.

Deuxieme reprise.

On marchera par deux & par quatre, &
l'on fera passer la colonne successivement aux
allures du pas au trot, du trot au pas, du pas
à l'arrêt, & de l'arrêt au pas, &c. &c. Et cela
en traversant le manège dans tous ses sens,
c'est-à-dire, en faisant des têtes de colonne à-
droite, à-gauche, demi à-droite & demi à-gauche, chaque cavalier observant parfaitement sa
distance & sa direction.

Troisieme reprise.

On marchera par quatre au trot, cette reprise sera moins interrompue que les précé-
dentes, pour habituer les cavaliers au dégré d'allongement, que cette allure doit avoir. Dans
les commencemens, on mettra des aides instructeurs à la tête, pour déterminer la vîtesse du
train. En marchant par quatre, on expliquera aux
cavaliers les attentions qu'ils doivent avoir lorsqu'ils conversent : celui qui est pivot du premier rang, doit décrire un quart de cercle d'environ quatre pas, sans rallentir son allure, les
trois autres cavaliers doivent le suivre en augmentant la leur ; & sentant toujours le genou

du coté du pivot ; le pivot de chacun des rangs qui fuivent, ne doit point perdre de vue fon chef de file, afin de tenir toujours fon cheval fur la même direction , & le refte du rang doit obferver les mêmes principes que le premier. A la fin de chaque reprife , on doit fe former par un *en-avant*, un *à-droite* ou *un à-gauche en bataille* , changer les alignemens, foit en avant, foit en arriere, pour apprendre aux cavaliers à s'aligner promtement.

Quatrieme reprife.

La quatrieme reprife, fi l'on eft dans le manège, fera deftinée à exercer aux à-droite, à-gauche , demi-tour à-droite, demi-tour à-gauche par fection , & aux mouvemens pour combattre à pied. *(fans doute pour les Dragons.)*
On fera d'abord converfer chaque fection en particulier, afin d'expliquer à chaque cavalier, ce qu'il a à faire pour exécuter ce mouvement avec précifion , relativement à la place qu'il occupe. Une fection étant de pied ferme & bien alignée, on lui commandera, je fuppofe, *demitour à-droite.* Le cavalier de la droite doit fervir de pivot, c'eft-à-dire, tourner fur lui-même comme la pointe d'un compas, qui refte au centre du cercle, tandis que l'autre opère la révolution defirée. Dans l'infanterie, le pivot eft réellement un point, c'eft le talon gauche du foldat, qui ne quitte pas fa place avant que la converfion foit finie, & cela donne une grande fureté à l'exactitude géométrique des mouvemens circulaires. C'eft pourquoi les em-

boitemens & déboitemens font toujours fûrs & faciles. Dans la cavalerie, il n'en eft pas de même, & il eft bien effentiel de s'arrêter fur ces différences dans les principes, car de la régularité des converfions dépend l'exactitude & la facilité des manœuvres. Le pivot, au lieu d'être un point, eft une ligne d'environ neuf pieds de longueur, & il eft beaucoup plus difficile de contenir le point de cette ligne, qui doit refter immobile. Jufqu'à préfent on n'a pas déterminé avec affez de précifion, quel devoit être ce point, & fur toutes les figures deffinées fur le papier, chaque cheval étant ordinairement repréfenté par un paralellogramme : fi l'on veut déterminer la ligne circulaire d'une converfion à-droite, on place une pointe du compas, fur l'angle qui repréfente l'épaule droite du cheval pivot, & l'autre pointe du compas, fur l'angle qui repréfente l'épaule gauche du cheval de l'aîle oppofée ; opération très-fauffe ; car, fi l'on veut comparer la figure réelle des chevaux avec ces figures repréfentatives, on verra que les pointes du compas font évidemment placées en dehors du rang, c'eft-à-dire, à 18 pouces environ à-droite & à-gauche de la tête des chevaux, fuppofés pivots ou aîle marchante. N'ayant point apporté affez d'attention à ce principe effentiel, on a dit que les épaules du cheval pivot devoient refter en place ; voilà la fauffe conféquence ; ce n'eft point les épaules des chevaux, qui déterminent l'alignement d'une troupe de cavalerie, c'eft le corps des cavaliers. Le corps de chaque cavalier étant vertical fur le point milieu, ou le centre de gravité de chaque cheval, c'eſt ſur ces deux points que doivent ſe poſer les pointes du compas, parce qu'ils ſont réellement les deux extrémités du rayon, auquel il s'agit de faire décrire un arc de cercle.

Dans le demi-tour à-droite, le cavalier de droite étant pivot, doit tourner ſon cheval de maniere, que ſon centre de gravité ſoit l'axe de la révolution, c'eſt-à-dire, que les épaules doivent ſe mouvoir circulairement à-droite, & les hanches circulairement à-gauche; ce que le cavalier opérera en portant légèrement la main gauche à-droite pour déterminer les épaules, & en fermant la jambe droite pour jetter les hanches à-gauche. Ce mouvement du cavalier pivot doit être très-lent, afin qu'il ne ſe trouve fini, que lorſque le cavalier de l'aîle marchante aura achevé de décrire l'arc de cercle qui lui ſera preſcrit. On conçoit que la converſion d'un rang, eſt compoſée d'autant de cercles concentriques ou paralelles, qu'il y a de cavaliers dans ce rang, & que tous les cavaliers, devant toujours ſe trouver alignés ſur le rayon, ils ſont donc obligés de marcher enſemble dans des allures d'autant plus rallenties, qu'ils ſe trouvent plus près du pivot. Le cavalier de l'aîle marchante doit avoir une allure franche & décidée, le ſecond, ayant un cercle moindre à décrire, doit avoir un train moindre du premier, le troiſieme par la même raiſon un train moindre du ſecond, le quatrieme un train moindre du troiſieme, &c. progreſſion qui doit être exactement obſervée juſqu'au pivot. Puiſque tous les cavaliers doivent regler

leur allure d'après celle de celui qui eſt à l'aîle
màrchante, ils doivent regarder à-gauche lorſque l'on converſe à-droite, & à-droite lorſque
l'on converſe à-gauche. Il arrive ſouvent, que
l'aile marchante s'ouvre ou ſe reſſerre trop ſur
l'aîle qui ſoutient; cela a donné lieu à un faux
principe, que j'ai ſouvent entendu donner par
des officiers de cavalerie, qui prétendent que
l'aîle marchante doit commencer à ſe mouvoir
perpendiculairement, & ne ſe reſſerrer ſur le
pivot, que quand elle aura fait environ le tiers
de ſon mouvement; c'eſt une erreur; chaque
cavalier n'a qu'une ligne circulaire à décrire,
& il ne peut prendre la tangente de ſon cercle, ſans s'ouvrir ou s'éloigner plus ou moins
du pivot. La ſeule regle invariable à obſerver,
eſt d'habituer le cavalier à ſentir continuellement le genou de ſon camarade du coté du
pivot, c'eſt-à-dire, du cavalier de droite, lorſque l'on fait un à-droite, & du cavalier de
gauche, lorſqu'on fait un à-gauche. Lorſque par
l'habitude on aura acquis l'égalité de cet attouchement, les marches directes & circulaires ne
s'ouvriront, ni ne ſe reſſerreront trop. (Il
faut remarquer ici, que, dans tous les cas, le
cavalier ne peut conſerver cet attouchement
que d'un ſeul coté.)

Quant à la conſervation de l'alignement du
rayon dans les mouvemens circulaires, il faut
employer les principes généraux, c'eſt-à-dire,
prendre un nombre de cavaliers du coté de l'aîle
màrchante, & ſe ſervir de cette baze, comme
de deux points régulateurs pour toujours viſer
le pivot. C'eſt donc à l'aîle marchante, où l'inſ-

tructeur doit se placer pour juger avec sûreté les défauts de l'alignement pendant tout le tems de l'évolution ; car, du coté du pivot, il seroit sans baze, & viseroit au hazard, feroit même faire des fautes, comme cela arrive souvent aux officiers, qui ne connoissent point assez à fond la théorie des points de vue.

Le mouvement du second rang est plus compliqué, parce que les cavaliers, qui se trouvent les plus près du pivot, ont un plus grand espace à parcourir, que leurs chefs de file ; & pour prendre la direction de la ligne circulaire qu'ils doivent décrire, ils sont obligés de déterminer par un mouvement beaucoup plus prompt, les épaules de leurs chevaux à-gauche ; pour cela, au mot *marche*, ils doivent porter la main à-gauche, & fermer la jambe droite pour quitter leur chef de file, & arriver, gagnant toujours du terrein en avant, jusqu'au troisieme chef de file de leur gauche. Les cavaliers du coté de l'aile marchante ne doivent point craindre, non plus, de dépasser leurs chefs de file à-gauche, mais ils ne doivent les quitter qu'autant que la pression & l'attouchement de leur camarade de droite l'indique, & à mesure que la conversion s'achève ; pour conserver le même attouchement, ils reviennent nécessairement à leur chef de file : il est très-essentiel que ce mouvement de second rang soit bien exécuté, car c'est de-là que dépend la justesse des emboîtemens, justesse plus nécessaire dans mon système de manœuvres, que dans tout autre, puisque les mouvemens par section,

font les moyens généraux de ployemens & dé-
ployemens.

La feconde claffe fera toujours exercée, ainfi
qu'il vient d'être dit, lorfqu'elle travaillera dans
un manège ou autre efpace fermé, & par conféquent très-circonfcrit : mais, deux fois par femaine, on la fera fortir pour l'exercer aux converfions fucceffives des colonnes, aux directions
des pivots, & enfin à l'allure du galop, que
les cavaliers n'auront encore connus qu'en marchant, par un à la fin de leur premiere inftruction à la claffe des recrues.

Lorfque, dans le changement de direction
d'une colonne, les troupes qui la compofent,
font obligées de converfer fucceffivement, fi les
pivots reftoient immobiles, la colonne feroit
retardée, les diftances fe perdroient, parce que
chaque troupe arriveroit fur le terrein où la
précédente auroit converfé, avant que le pivot
de celle-ci fe fut porté en avant; pour éviter
cet inconvénient, on avoit imaginé de faire
doubler le degré de vîteffe de l'aîle tournante;
cela fuffifoit effectivement, lorfqu'une troupe
étoit au pas & au trot; mais fi une colonne
étoit au galop, comme il n'y avoit plus moyen
de doubler, on retomboit dans le même inconvénient; on a trouvé beaucoup plus fimple
de faire exécuter les converfions fucceffives à
pivot mouvant, c'eft-à-dire, de faire décrire
au pivot lui-même un quart de cercle d'environ
quatre pas; par ce moyen, la troupe qui fuit
celle qui converfe, peut commencer de converfer à fon tour, fans rencontrer le pivot de la

précédente. Ce moyen, quoique très-simple, a été long-tems ignoré, un auteur l'a donné, on l'a saisi, nos rédacteurs d'ordonnances l'ont employé, mais sans réflexions, puisqu'ils ont laissé subsister le double & mauvais moyen d'augmenter le degré de vîtesse de l'aile marchante. Il suffit que le pivot décrive un arc de cercle de quatre pas, pour que chaque troupe puisse converser successivement, à mesure qu'elle arrive sur l'angle de la nouvelle direction. Car, supposons une colonne de compagnies ayant 24 pas de front, & par conséquent 24 pas de distance entr'elles. L'aîle marchante, de celle qui conversera, aura, il est vrai, 36 pas à parcourir pour exécuter son quart de conversion, mais la division suivante ne pourra arriver sur le pivot qui l'a précedée, que quand la troupe qui converse aura dejà fait 24 pas, & que le pivot lui-même aura dégagé de trois pas, l'emplacement sur lequel il aura commencé à tourner ; le mouvement de celui-ci ne peut donc être retardé par le premier, car il ne décrira lui-même les trois premiers pas de son arc de cercle, que dans le même tems que son aîle marchante en parcourra 24, & dans le même tems, la compagnie qui précède aura achevé sa révolution, & fait de plus 12 pas sur la nouvelle direction : il suffit donc que les pivots marchent, pour que les conversions successives ne soient point retardées, & pour que les distances entre toutes les troupes de la colonne ne soient point altérées. D'après cet exposé, on exercera les ailes marchantes à conserver exactement les mêmes allures.

On exercera les cavaliers à conferver exactement, auffi, la direction des pivots, & pour
cela on formera l'efcadron, & on le fera fouvent rompre & reformer, tantôt par la droite,
& tantôt par la gauche.

On exercera les cavaliers à marcher au galop,
d'abord en colonne par fection, enfuite en efcadron déployé, obfervant de leur faire regler
& déterminer cette allure à un train franc, fans
être emporté, parce qu'il faut toujours que le
cavalier foit maître de fon cheval ; ce n'eft que
dans les cinquante derniers pas d'une charge,
où l'on peut s'abandonner à cette vîteffe extrême,
dans laquelle il n'eft plus poffible d'arrêter le
cheval, fans commencer par le rallentir pendant 50 autres pas. Si l'inftruction des recrues
a été bien conduite, & que le travail de la feconde claffe foit foutenu, j'affirme, que fix
mois fuffiront pour mettre un cavalier en état
d'entrer dans l'efcadron, & d'y occuper telle
place que l'on voudra. C'eft à celui qui commande cette claffe à renvoyer aux recrues, les
cavaliers qu'il appercevra manquer des premiers élémens de l'art de monter à cheval, &
à propofer au major les cavaliers qu'il jugera
capables de paffer à la premiere claffe.

A R T. V.

Premiere claffe.

Tant que l'homme & le cheval, pris féparément & enfemble, ne font pas l'un & l'autre
fuffifamment inftruits , ils doivent refter à l'é-

cole. Ce n'eſt qu'après un examen ſévére, qu'on
doit les recevoir à la premiere claſſe. Les chefs
de corps qui n'apportent pas cette rigidité dans
l'ordre du travail, ſont ſans ceſſe obligés de
remettre en entier leur régiment au détail;
alors l'homme inſtruit ſouffre comme l'ignorant, il ſe dégoute & prend en averſion un métier, dans lequel il eſt toujours au régime du
recrue; c'eſt auſſi la ſuite inévitable de toutes
les nouvelles ordonnances. En général, les
meſtres-de-camp ſe laiſſent trop aller au plaiſir
de monter & de commander de gros eſcadrons;
pour y parvenir, ils forcent les moyens, accep-
tent tous les hommes, & ne laiſſent point le
tems de débourer & aſſouplir les chevaux de
remonte. La premiere claſſe dont je parle, ne
doit être compoſée que d'hommes & de chevaux inſtruits, & quand ils le ſont une fois,
qu'on les exerce ſeulement, & elle le ſera pour
toujours.

Cette claſſe doit monter à cheval trois fois
par ſemaine, l'hyver dans les manèges, lorſque le tems ne permet pas de ſortir, & l'été
toujours dehors.

Dans les manèges, chaque eſcadron y ſera
commandé par ſon chef: on y marchera par
un, par deux, & par quatre à-droite & à-gauche, au pas & au trot, & toujours le ſabre à
la main; on finira les repriſes en ſe mettant en
bataille, les dragons ſeront de plus exercés à
mettre pied à terre pour combattre à pied.
Lorſque le tems le permettra, l'hyver même,
on ira dehors, ne fut-ce que ſur les grands
chemins; chaque chef commandera ſon eſca-

dron, & le fera marcher en colonne par section, par compagnie & par peloton, au pas, au trot & au galop, fera faire béaucoup de *demi-tours à-droite, demi-tours à-gauche & face en arriere.* Deux fois par mois, le commandant du régiment réunira les escadrons, pour les commander lui-même tous ensemble, & leur faire exécuter les mêmes choses que nous venons de prescrire. Le travail d'hyver commencera le premier novembre, & ne finira que le premier août; mais, pendant le mois de juillet, tout sera dans le repos; on montera seulement les chevaux à poil, pour les promener deux fois la semaine, aux heures où les chaleurs ordinairement excessives le permettront; c'est au mois d'août seulement, que les plaines sont découvertes, & que l'on peut manœuvrer en grand.

Point de prairie, point de bruyere, ni de terrein circonscrit pour y piétiner, & tournoyer sans cesse & sans objet; il est déja assez facheux d'être réduit à ce genre pendant huit mois de l'année; les trois qui nous restent, doivent être mieux employés: Ce sera à faire des marches militaires tout à travers le pays, en profitant de la variété des terreins, pour exécuter les manœuvres relatives aux circonstances, & aux suppositions que l'on peut faire sur l'apparition de l'ennemi. Cette maniere formera le coup-d'œil des officiers supérieurs, & donnera aux officiers particuliers l'intelligence de leur arme, & aux cavaliers la confiance de ce qu'ils peuvent entreprendre, & faire avec leurs chevaux; qui deviendront eux-mêmes plus

adroits, plus furs, & plus vigoureux, en traverfant toutes fortes de terreins, & franchif-
fant toutes fortes d'obftacles.

La durée ordinaire de ces exercices doit être
de trois heures, quelquefois cependant ils en
dureront fix; mais dans la femaine où cela arrivera une fois, on ne manœuvrera que deux
jours. Il eft facheux d'être obligé de croire à
la néceffité de ces calculs, pour ménager & conferver nos chevaux; l'expérience prouve pourtant qu'on ne pourra raifonnablement s'en écarter, du moins, tant que nous aurons des remontes auffi foibles, & que nous tiendrons
furtout au funefte préjugé, de ne nous fervir
que de chevaux châtrés, pour le mètier de la
guerre.

Pendant le travail d'hyver, on exercera une
fois la femaine le cavalier au tirer du piftolet;
& pour cela, le jour où l'on montera à cheval, on terminera la leçon en défilant deux
fois devant un blanc, placé à 10 ou 15 pas du
flanc droit de la colonne.

Les dragons de première claffe, feront de
plus exercés une fois la femaine à pied au tirer
de la cybe.

Les régimens à cheval ne doivent jamais être
raffemblés pour faire l'exercice à pied; chaque
homme apprendra le maniment de fon arme,
& la marche à l'école des recrues & à la feconde
claffe; pour entretenir cette inftruction, il fuf-
fira de joindre un dixieme de chaque compagnie à la garde montante, qui fera tous les
jours exercée une demi-heure avant de défiler
pour fe rendre à fon pofte.

ART. VI.

Attentions que doivent avoir les commandans de régimens & de lignes.

D'être toujours placés, par rapport à la troupe que l'on commande, au point le plus favorable pour se faire bien entendre; autant qu'il est possible d'être de pied ferme, lorsqu'on fait l'énoncé d'un commandement.

Articuler le commandement avec netteté, appuyer sur les syllabes finales, & sur celles qui expriment particuliérement la manœuvre.

Lorsqu'il y a plusieurs commandemens à faire de suite, on doit les séparer assez, pour que le premier commandement soit compris, & repeté par les officiers particuliers avant de faire le second.

Autant qu'il est possible, ébranler les troupes au pas, avant de les mettre au trot, avant de les mettre au galop; suivre la même gradation pour les arrêter.

Eviter de commander une manœuvre, lorsqu'il se trouve quelque désordre dans la colonne ou dans la ligne.

Un commandant ne doit jamais se mettre en colere, injurier ni battre ceux qui sont sous ses ordres. Il doit avec sang froid punir le négligent, envoyer l'ignorant à l'école, & recommencer une manœuvre manquée, jusqu'à ce qu'elle soit bien faite.

Un commandant froid, sévère & constant dans ses principes, se fait craindre, respecter & aimer.

Le

Le commandant colere & emporté, se fait raindre & abhorrer.

Tout homme qui n'est pas maître de lui, n'est pas fait pour commander, parce qu'en s'exposant lui-même, il expose les autres.

Pour obtenir toute l'attention d'une troupe, il ne faut pas l'exiger trop long-tems, le corps se fatigue, les organes s'engourdissent, & l'homme tombe en stupeur. Laissez marcher une colonne à son aise, jusqu'au moment où vous prévoyez devoir la déployer, habituez le cavalier à rentrer sous le commandement au mot *Garde à vous :* La manœuvre finie, donnez-lui encore deux minutes d'aisance, il manœuvreroit ainsi tout le jour, sans se lasser & sans s'ennuyer.

A r t. VII.

Instructions des chevaux de remonte.

L'instruction des chevaux n'est pas moins essentielle que celle des hommes, & s'il me falloit opter sur la nécessité, d'avoir dans un escadron des recrues ou des chevaux de remonte, je prendrois les premieres, & refuserois les secondes. En général, ce n'est qu'à cinq ans & demi, six ans, que le cheval est en état de rendre des services réels ; il seroit cependant nuisible de le laisser jusqu'à ce tems sans exercice : ses membres s'engourdiroient, une lymphe épaissie par le repos, donneroit à ses muscles un tissu plus lâche que tendineux, plus mou que compact ; bref, ce seroit contrarier la nature , qui veut agir dès qu'elle en a la force (1) ; l'exercice l'augmente à un point incroyable, lorsqu'il est bien donné ; nous ne doutons pas de ce principe, car nous n'osons entreprendre une route, sans mettre, ce que nous appelons nos chevaux en haleine, & qu'est-ce que mettre des chevaux en haleine ? si ce n'est leur donner l'habitude de la fatigue ou de la force (2). C'est dans cette habitude, que je voudrois que le cheval fut entretenu depuis l'âge de quatre ans , par progression & sans le forcer ; on lui verroit faire dans l'âge de vigueur un travail incroyable. Que résulte-t-il donc de la vie molle & sédentaire de notre cavalerie ? que si elle sort plus de huit fois par mois , elle dépérit (3). Et quoi ! le cheval si fort, si vigoureux, n'est en état de faire, par l'éducation que nous lui donnons , que la journée d'un homme à pied ! Est-ce là tirer tout l'avantage possible de notre cavalerie ?

------

(1) La nature n'a point fait le cheval pour être enchaîné , ne marcher & ne se mouvoir que six heures par semaine , qui est la méthode des troupes en tems de paix. Les meilleurs chevaux deviennent rosses à cette vie.

(2) Qu'est-ce qui fait le *coureur*, le *marcheur* ? est-ce une espece d'hommes différente ? c'est l'habitude , l'exercice ; les forces s'accroissent dans cette proportion.

(3) C'est une remarque faite souvent, si l'on est sorti deux fois de plus dans un mois que dans d'autres, les chevaux sont efflanqués, il faut les mettre au son, les saiguer , &c.

La premiere nation qui bravera le préjugé, qu'il faut laiſſer ſa cavalerie à l'écurie, & avoir des chevaux gras : les premiers régimens qui oſeront ſortir tous les jours & doubler leur travail, auront bien de l'avantage ſur les autres.

Je voudrois que des chevaux, du moment de leur arrivée à un régiment, fuſſent promenés tous les deux jours en main, pendant une ou deux heures ; &, lorſque le tems ou les circonſtances ne le permettroient pas, on les feroit trotter à la longe ſans cavalier. L'expérience nous prouve que cet exercice, bien donné, aide le développement de la nature, accélère, augmente les forces. (1) Mais cette leçon de la longe, ſi bonne, ſi avantageuſe pour aſſouplir & délier le cheval, deviendroit très-pernicieuſe ſous la conduite d'un homme qui ignoreroit ce que c'eſt qu'à-plomb & ſoupleſſe dans l'animal, & qui n'auroit pas l'habitude de ſe ſervir du caveçon & de la chambriere, dont il eſt ſi aiſé d'abuſer.

Les chevaux neufs feroient toujours confiés à l'officier chargé en chef de l'équitation, qui les feroit monter, à meſure qu'ils acquèreroient des forces, (2) par les élèves ou ſous-maîtres les plus forts ; car, pour dreſſer un

______

(1) Lorſque ce ſera toujours le même officier qui ſera chargé de ce travail, il ne donnera à chaque cheval qu'un exercice proportionné à ſes forces, il donneroit même à quelques-uns des jours de repos, ſi cela étoit néceſſaire.

(2) Epoque à-peu-près fixée à quatre ans.

cheval, corriger ſes fantaiſies, en un mot, lui donner une certaine connoiſſance de la main & des jambes, dans le moins de tems poſſible & ſans le ruiner; il faut des hommes faits, & les plus ſavans ſeront les meilleurs.

On ne peut rien fixer ſur le tems du travail, ni la longueur des leçons, ces choſes ſont proportionnées aux forces; celui qui eſt chargé de la beſogne peut ſeul en juger. Mais, règle générale, le jeune cheval ne doit être monté que quand il commencera à trotter à la longe, avec ſoupleſſe & force, ſe ſoutenant ſans tirer ſur ſon caveçon & ſans forger. Ces leçons de longe ſeront courtes, & données ſucceſſivement aux deux mains. On habituera le cheval, durant tout ce tems, à avoir une ſelle ſur le corps, & un bridon à la bouche : avant & après la leçon, un homme le montera & deſcendra pluſieurs fois de différentes manieres, pour le faire au montoir : il eſt très-néceſſaire que des chevaux de troupe y ſoient abſolument tranquilles. La turbulence de quelques-uns, provient du peu de ſoin, ou des moyens durs qu'on a employés à les y former. Le cheval jugé en état d'être monté, le ſera toujours en liberté & le plus large poſſible, c'eſt-à-dire, en évitant de tournoyer, & ſuivant toujours les murs du manége. Les premiers tours ſe feront au pas, & ſucceſſivement on le fera partir au trot.

Il n'eſt donc point étonnant que beaucoup de jeunes chevaux, ne connoiſſant ni les mains, ni les jambes de leur cavalier, non-ſeulement n'y obéiſſent pas, mais s'y défendent, ſoit en s'emportant & refuſant l'obéiſſance au bridon, foit en s'arrêtant & refufant l'obéiffance aux jambes. Voilà pourquoi il eft effentiel d'avoir des cavaliers faits, pour les monter, qui n'étant point dérangés des contre-tems, foient toujours prêts à y apporter la correction. C'eft dans l'école générale, où les maîtres de nos régimens auront puifé les principes qu'ils pratiqueront; j'en ai dit affez au chapitre XII, & je n'ajouterai ici que quelques réflexions particulieres fur nos petites écoles.

Dans les commencemens, on obfervera de faire marcher plufieurs chevaux enfemble, afin de les accoutumer à l'approche fans être ruailleurs. On les fera fouvent changer d'ordre entr'eux, marchant tantôt premiers, tantôt derniers & fortant indifféremment du rang. En acquérant force, liberté & obéiffance, on leur fera décrire toutes fortes de figures, ou traces dans le manége, aux deux mains en les faifant paffer fucceffivement du pas au trot, du trot au pas, du pas à l'arrêt, & de l'arrêt au partir.

Un cheval qui fera monté une heure ou deux par jour, felon ces principes, n'en fera que plus vigoureux. Il ne faut point preffer fon inftruction, puifqu'il ne doit paffer à l'efcadron au plutôt qu'à cinq ans & demi; je confeille auffi de ne les emboucher que trois ou quatre mois avant cette époque. Quand ils auront acquis un peu de fageffe, on fera très-bien de les fortir toutes les fois que le tems le permettra, & de marcher dehors par deux, trois & quatre, moitié du tems au pas, moitié au trot, & quelque tems avant de les emboucher, s'ils marquent affez de force, ce qui s'apper-

cevra s'ils se présentent d'eux-mêmes au galop ; on leur en laissera faire quelques tems ,
toujours dehors & droit devant eux , n'importe
sur quel pied, pourvu que le galop soit uni ,
en observant de les remettre au trot & au pas ,
sitôt qu'ils prendroient de l'ardeur ou s'allonge-
roient trop.

Les mouvemens de main étant plus dangereux pour les jarrets du cheval, dans l'allure
du galop que dans toute autre , il est très-
avantageux de les y mettre quelquefois , pendant qu'ils sont encore au bridon.

Selon la méthode que je propose, les chevaux
auront à peu près dix-huit mois (1) pour arriver

---

(1) On m'objectera, sans doute , le tems énorme
que j'accorde à l'instruction du cheval. Je sais que ma
proposition doit d'abord choquer, en présentant un sys-
tême qui laisseroit un huitieme de chevaux , entretenu
par le Roi, hors de service , mais je prie de faire attention, que, par la maniere & les moyens dont la Cavalerie françoise se sert aujourd'hui pour se remonter, le
même huitieme est dans l'inaction. Tout le monde sait
qu'on ne trouve plus à acheter que des chevaux de trois
ans & demi ou de quatre ans , que les chevaux à cet
âge, n'ayant acquis ni leur taille ni leurs forces, sont
des poulains hors d'état de rendre les mêmes services
que les chevaux faits , & que les mettre dans l'Escadron , c'est les ruiner. On a vu en 1767 le corps des
Carabiniers obligé d'employer ses remontes pour se completter , & paroître devant le Roi au camp de Com-
piegne. Après cette revue, il fallut renouveller tous
les jeunes chevaux, la perte fut énorme, tout ce qui
n'avoit pas cinq ans , fut ruiné. Presque tous les régimens attendent leurs chevaux jusqu'à cet âge, mais on
les laisse pendant cet intervalle dans l'inaction, ou du

au point où nous sommes , qui est assurément
un tems bien suffisant pour ne rien brusquer
ni forcer la nature.

Des chevaux , embouchés avec le soin dont
j'ai parlé au chapitre XII , seront obéissans au
mors. Dès l'instant qu'ils auront la bride , on
les travaillera quatre fois la semaine , & toujours
dehors sur les trois allures ; on sera plus exigeant sur la régularité du partir & des arrêts ;
on les galoppera aux deux mains , & on leur
donnera l'habitude de partir , d'eux mêmes , sur
les pieds de dedans , c'est-à-dire , dans les
mouvemens circulaires à-droite , de partir sur
les pieds droits , & dans les mouvemens circulaires à-gauche , sur les pieds gauches. Ces
choses sont bien essentielles dans l'escadron ,
pour éviter les chûtes & converser avec justesse ; & , quoiqu'au premier coup-d'œil , il
paroisse difficile d'obtenir cette précision d'une
troupe , cette habitude se contractera aisément ,
lorsque les chevaux seront souples & obéissans ,
& que l'homme saura tenir & rendre la main
à propos.

Quoique je recommande d'être un peu plus
exigeant dans ces derniers tems , on se gardera
cependant de chipotter les chevaux des mains
& des jambes , défaut commun de presque tous

---

moins ils n'ont aucun travail réglé ; c'est ce que je crois
vicieux : l'exercice modéré leur est nécessaire , & c'est
toujours en tirer parti , que de les faire monter par les
élèves & sous-maîtres , qui s'instruisent , & les chevaux
se trouvent dressés lorsqu'ils ont acquis la force nécessaire pour entrer dans l'Escadron.

les élèves, qui n'ont paſſé que peu de tems dans les écoles de cavalerie, & qui n'ayant, ni aſſez raiſonné ſur la juſteſſe des allures du cheval , ni aſſez de pratique de l'équitation ,regardent ordinairement comme le chef-d'œuvre de l'art , de rejeter tout le poids du corps de l'animal ſur ſes jambes de derriere. On ne parlera jamais de *raſſembler ſes chevaux*, mauvais précepte, dont on a abuſé dans la cavalerie ; mes chevaux feront inſtruits & exercés depuis dix-huit mois , à ſe ſervir également de leurs quatre jambes ; ils auront pris l'habitude d'être droits & d'à-plomb, ils feront raſſemblés.

Les élèves , ces hommes deſtinés à monter les jeunes chevaux , auront pour premiere qualité, patience & ſageſſe, [1] ſi néceſſaire pour inſtruire des animaux.

Ils ne travailleront jamais que ſous l'œil de l'officier chargé en chef de l'équitation , ou celui qu'il aura jugé avoir aſſez de talens & de principes pour l'aider & le remplacer.

Dans ces tems , qui précéderont l'entrée des jeunes chevaux à l'eſcadron , on les accoutumera au feu : pour cela, on ne ſuivra point ce vieil uſage de faire tirer des coups de piſtolet

---

(1) Si l'on s'eſt plaint avec tant de raiſon de l'équitation dans la Cavalerie , c'eſt lorſque les maîtres s'occupoient à faire paſſager, raſſembler & piaffer leurs chevaux, ſans s'inquietter s'ils étoient droits, d'à-plomb & aſſouplis. Les écoliers de Saumur & de Cambray, qui avoient pris des voltes ſur deux piſtes , vouloient en faire prendre aux cavaliers.

dans l'écurie ; mais, à la fin de chaque exercice, les chevaux étant remis en escadron, & l'escadron étant de pied ferme, on fera faire un feu de file, puis un feu d'escadron. On accoutumera aussi cet escadron à marcher sur le feu de l'infanterie ; & lorsque les chevaux seront tranquilles dans le rang, on séparera les cavaliers, on marchera par file, & chacun chargera & tirera à volonté, soit en marchant, soit de pied-ferme.

Les chevaux instruits, selon cette méthode, & les cavaliers travaillans sur des principes unanimément reconnus, formeront un escadron leger & formidable, par l'union & l'ensemble de ses individus ; l'instruction entretenue & assujettie à une forme invariable, la machine ira toute seule. Mais, lorsque la forme & l'instruction changeront tous les ans ; lorsque les principes seront multipliés à l'infini sans être démontrés ; lorsqu'on aura été les puiser dans plusieurs écoles différentes ; lorsqu'on passera son tems à contester ; lorsqu'on emploiera des mots techniques & des phrases vuides de sens pour donner leçon ; lorsque plusieurs hommes, pensant différemment, seront, tour-à-tour, chargés de cette besogne ; lorsque le travail sera divisé en plusieurs classes ; qu'elles seront indépendantes les unes des autres, & n'auront pas pour premier maître le chef commun ; lorsqu'enfin ce chef commun ne choisira pas ses aides, ne les instruira pas lui-même, & n'en disposera pas, on pourra avoir des instans d'apparence, mais on n'obtiendra jamais de véritables succès.

CHAPITRE XVI.

*Table des ordonnances à faire, pour se conformer
au système proposé.*

Pour un lecteur qui aura la constance de
suivre l'ordre de mes chapitres, & de tourner l'un après l'autre les feuillets de mon livre,
il s'en trouvera dix, que mes principes, mes
citations & mes raisonnemens endormiront.
C'est pour ceux-ci, & pour moi, que j'ai crû
nécessaire de former en quelques pages le ré-
sumé de ces deux volumes. Mes dormeurs ne
feront pas les seuls qui me sauront gré de ce
supplément; j'espere qu'il me vaudra encore la
bienveuillance de ces beaux esprits de tous les
états & de tous les cercles, qui veulent juger
de tous les ouvrages, sans avoir la peine de
les lire. Puissé-je au moins captiver leur attention sur les dernieres pages; elles contiennent
l'exposé succinct du plan que je propose. Les
renvois, que j'ai placés à la suite de chaque pro-
jet d'ordonnance, laissent à chaque lecteur la
liberté de n'avoir recours à ce qui précéde,
qu'autant qu'il aura le desir de connoître les
raisons qui ont déterminé mon avis.

Premiere ordonnance.

Tous les régimens d'infanterie françoise &
étrangere, composés de deux bataillons. Cha-

que bataillon compofé de huit compagnies de fufiliers, & de plus, dans chaque régiment, une compagnie de grenadiers, & une compagnie de chaffeurs.

Chaque compagnie de grenadiers, de chaffeurs & de fufiliers, compofée de deux fergens, fix caporaux, fix appointés & foixante grenadiers chaffeurs ou fufiliers, commandés par un capitaine, un lieutenant & un fous-lieutenant. Chaque compagnie divifée en fix efcouades ou chambrées, compofées d'un caporal, un appointé & dix grenadiers chaffeurs ou foldats. L'état-major de chaque régiment compofé d'un colonel, un lieutenant-colonel, un major, un ingénieur ayant rang de capitaine, un quartier-maître, un porte-enfeigne, deux adjudans, un chirurgien-major, un aumônier, un tambour-major & un armurier

Telle feroit la compofition des régimens d'infanterie fur le pied de guerre. A la paix, on réformeroit les quatre foldats les moins anciens de chaque efcouade ou chambrée.

Les régimens d'infanterie françoife ou étrangere, feroient invariablement portés au nombre de cent-vingt. [*Voyez Chap. II. III.*]

Seconde ordonnance.

Les régimens de cavalerie proprement dite, prendroient le nom de cuiraffiers, & chacun de ces régimens feroit compofé de trois efcadrons; chaqu'efcadron compofé de quatre compagnies; chaque compagnie compofée de trois maréchaux des logis, fix brigadiers, fix carabiniers , quarante-huit cuirassiers , un trompette , un maréchal ferrant , commandée par un capitaine , un lieutenant & un sous-lieutenant.

Chaque compagnie divisée en six escouades ou chambrées , composées d'un brigadier , un carabinier & huit cuirassiers.

L'état-major de chaque régiment composé d'un colonel , un lieutenant-colonel , un major , un quartier-maître , un porte-enseigne , trois adjudans , un chirurgien-major , un aumônier , un trompette-major.

Telle seroit la composition des régimens de cuirassiers , au complet ou sur le pied de guerre. A la paix on réformeroit les deux derniers cuirassiers de chaque chambrée , & les douze plus mauvais chevaux de chaque compagnie.

Les régimens de cuirassiers feroient fixés au nombre de vingt-quatre.

Troisieme ordonnance.

Seize régimens de dragons , ayant la même formation que les régimens de cuirassiers , & assujettis à la même réforme & à la même augmentation à la paix & à la guerre.

Quatrieme ordonnance.

Cinq régimens d'huzards , ayant la même formation que les cuirassiers , & assujettis à la même réforme & à la même augmentation , à la paix & à la guerre.

Cinquieme ordonnance.

Portant création de cinq bataillons de garnison, de mille hommes chacun.

Ces bataillons confignés pendant la paix dans les garnifons de Lille, Metz, Strasbourg, Befançon & Nancy, feroient compofés de déferteurs. [*Voyez Chap. XVIII. Art. III.*]

Réflexions fur la conftitution propofée.

La réclamation prefqu'univerfelle de tout le militaire, contre la conftitution que lui a donnée M. le comte de St. Germain, la nomination d'un comité d'officiers-généraux, affemblé pour revoir & corriger toutes les ordonnances de ce miniftre, juftifient aujourd'hui les remarques & les critiques que je me fuis permifes en 1776, & que j'ai placées, telles que je les fis alors dans les trois premiers chapitres de cet ouvrage.

Le tableau que j'offre ici, & que je propofe de fubftituer à notre état militaire, eft, comme l'on voit, fufceptible d'une augmentation & d'une diminution alternative. Je montre une armée de 230 mille hommes en tems de guerre, que je réduis pour l'économie des finances à 167 mille en tems de paix. C'eft par les moyens les plus fimples que je propofe de paffer, felon les circonftances, de l'un à l'autre de ces contrôles. Le nombre des régimens, des compagnies, des officiers, & des bas-officiers eft toujours le même. J'évite à jamais l'inconvénient, d'avoir des nouveaux corps fans difcipline & fans inftruction. Je garantis l'exiftence des anciens, &, en leur confervant leur nom, je perpétue la

mémoire des actions qui les ont diftingués, &
dont le fouvenir entretient cet efprit de corps,
cette délicateffe & cette valeur, fi propres à inf-
pirer la confiance & l'audace aux généraux,
affez heureux pour commander de pareilles
troupes.

La formation de chaque régiment, de chaque bataillon ou efcadron, & de chaque compagnie, foit à pied foit à cheval, doit être cal-
culée de maniere, qu'elle foit non feulement la
plus commode pour les fractions de ligne, & la
combinaifon de tous les mouvemens & de toutes les manœuvres; elle doit encore être la
plus favorable à la facilité du fervice, au main-
tien de la difcipline, & fur-tout à la fimplicité
& à l'ordre de la comptabilité: c'eft ces différens objets que l'on doit avoir en vue, & c'eft
en les confidérant féparément & enfemble, que
je me fuis déterminé à propofer de plus gros
efcadrons, & de plus petites compagnies; parce
que les premiers feront plus forts & plus long-
tems complets, & que les fecondes feront plus
connues par leurs officiers, plus aifément fur-
veillées, & par conféquent mieux difciplinées &
mieux entretenues.

On me reprochera, peut-être, d'offrir un pro-
jet qui augmente le nombre des régimens, &
ne porte l'état militaire qu'à 230 mille com-
battans, tandis que M. le comte de St. Germain, prenant pour baze le nombre actuel des
régimens, montre une conftitution, dont le
réfultat eft de 307 mille hommes environ. Mais
j'ai prouvé, Chap. II, que ce numéraire n'exif-
toit que dans nos ordonnances; j'ai prouvé,

que l'effectif de nos troupes n'étoit réellement
que d'environ 128 à 130 mille hommes, & que
l'augmentation projettée, de 71 & 74 hommes
par compagnie d'infanterie & de cavalerie, étoit
une monftruofité, qui, fi elle étoit poffible,
anéantiroit la difcipline & l'inftruction, & nous
feroit perdre le fruit de tous les travaux de cette
paix. Il réfulte de ces obfervations, que M. le
comte de St. Germain ne nous a montré que
le tableau d'un militaire formidable, fans nous
en donner le controlle ; que la formation même
de nos régimens n'eft fufceptible d'aucune augmentation, & que l'économie, qu'il a prétendu
faire en diminuant le nombre des états-major
de régiment, & des officiers de compagnie, a
donné lieu à la confufion des grades, & à cette
multiplicité de furnuméraires, qui embarraffent
aujourd'hui les régimens & les miniftres, &
qui font à charge à leur famille, en attendant
le jour, où, fans avoir réellement fervi le roi,
ils auront pourtant acquis le droit d'être à
charge à fes finances. Il n'eft plus poffible de
travailler à une nouvelle conftitution militaire,
fans s'occuper férieufement des moyens de placer ou employer, d'une maniere quelconque,
cette quantité d'officiers à la fuite. Il feroit auffi
injufte de les réformer, qu'il feroit contraire
au bien du fervice de les laiffer exifter tels qu'ils
font (1). Quel parti prendra donc le comité ?
fera-ce celui de laiffer éteindre ces furnuméraires ? J'obferverois alors, qu'une génération toute

---

(1) Voyez Premiere Partie Chap. XXI.

entiere feroit privée d'avancement, & que le roi perdroit pendant trente ans, au moins, la possibilité de récompenser ses meilleurs officiers.

Le plan que j'offre, a, ce me semble, le double avantage d'augmenter réellement le militaire, & de remplacer à-peu-près tous les officiers à la suite. Il ne reste qu'une objection à me faire, c'est celle de l'argent : mais il n'y a que le résultat des dépenses que je propose d'une part, & l'économie & les réformes que j'indique de l'autre, qui puissent constater la différence des fraix qu'occasionneroit mon système, avec celui qui existe.

Au reste ; est-ce à la France à calculer ce qu'il doit lui en couter en monnoie, pour faire respecter ses frontieres, ses possessions & son commerce ; pour assurer la paix & le bonheur de ses peuples, & donner à son roi le titre de pacificateur de l'Europe ?

Sixieme ordonnance.

Portant création de 95 bataillons provinciaux, qui serviroient à completter les 95 régimens d'infanterie françoise ; chacun de ces bataillons feroit composé de huit compagnies, chaque compagnie composée de 80 soldats, & inspectée par un capitaine. En tems de paix, ces bataillons ne seroient jamais rassemblés, mais leur controlle seroit entretenu complet par les tirages de la milice. Les huit capitaines, un commandant de bataillon, & un adjudant, auroient seuls des appointemens, & seroient tenus de faire, une fois par an, une tournée

des

des villes ou villages de leur arrondiffement, pour vérifier l'exiftence des hommes portés fur leur controlle. [Voyez chap. IV.]

Septieme ordonnance.

Le corps du génie doit être employé aux travaux ultérieurs de la France , & la moitié de l'infanterie occupée, alternativement, une année à ces travaux.

Huitieme ordonnance.

Tableau général de la paye & des appointemens de l'infanterie, des cuiraffiers, des dragons, des huffards & des bataillons de garnifon ; à chaque colonel d'infanterie 6000 liv. au lieutenant-colonel 5500 liv. , au major 5000 liv. , au quartier-maître 1500 liv. , à l'enfeigne 1000 liv. , à l'adjudant 600 liv. , au tambour-major 360 liv. , à l'armurier 180 liv. , au chirurgien-major 1200 liv. , à l'aumônier 600 liv. , au capitaine 3000 liv. , au lieutenant 1500 liv. , au fous-lieutenant 1000 liv. , au fergent 360 liv. , au caporal 216 liv. , à l'appointé 162 liv. , au grenadier 150 liv. , au chaffeur 132 liv. , au foldat 126 liv. , au tambour 162 liv. , au muficien 162 liv.

Au colonel d'un régiment à cheval 6200 liv. , au lieutenant-colonel 5700 liv. , au major 5200 liv. , au quartier-maître 1700 liv. , au porte-enfeigne 1200 liv. , à l'adjudant 800 liv. , au trompette-major 432 liv. , au chirurgien-major 1400 liv. , à l'aumônier 800 liv. , au capitaine 3200 liv., au lieutenant 1700 liv., au fous-lieutenant 1200 liv. , au maréchal des logis 432 liv., au brigadier 216 liv., au carabinier 168 liv., au cuiraffier, huffard & dragon 150 liv., au trompette 222 liv., au maréchal 222 liv.

A chaque commandant de bataillon ou d'efcadron 300 liv. de fupplément, à chaque commandant de régiment pendant fa préfence au corps 600 liv. Le décompte de cette derniere fomme feroit toujours fait par jour à l'officier préfent, parce qu'elle eft deftinée à fubvenir aux charges de fa place. Les bataillons de garnifon feroient traités comme l'infanterie. Les capitaines des bataillons provinciaux auroient 1200 liv., le commandant de bataillon 3000, l'adjudant 600.

Neuvieme ordonnance.

Portant fuppreffion générale de toutes penfions & retraites d'officiers ; établiffement d'une banque militaire, régie par huit hommes de finance : il fera retenu tous les mois à chaque officier le dixieme de fes appointemens, pour refter à la banque militaire ; le produit de ces retenues s'accroîtra, & par les augmentations fucceffives & par les intérèts, au cinq pour cent, qui feront toujours joints aux capitaux.

Le produit de cette maffe & de ces intérèts formera un capital, dont les banquiers feront le décompte à chaque officier lors de fa retraite. La moitié de ce décompte fera payé argent comptant, l'autre moitié reftera à la banque , qui en paiera les intérêts à dix pour cent.

La banque aura en profit la maſſe de tous les officiers qui ſe retireront avant vingt années révolues de ſervice ; elle auroit auſſi la moitié de la maſſe de tous ceux qui mourroient au ſervice, n'étant obligée qu'au décompte de l'autre moitié, qui ſeroit payé comptant à la veuve ou au plus proche héritier du mort.

Il ſera établi un tarif des appointemens de chaque grade , & de l'augmentation de maſſe qui doit réſulter des retenues faites ſur les appointemens de chacun de ces grades. D'après ce tarif, on règleroit la penſion dont doivent jouir les officiers actuellement retirés , on diminueroit par conſéquent celles qui ſeroient excédentes , & l'on augmenteroit celles qui ſeroient au deſſous de ce tarif. Cette loi générale ſeroit juſte , & perſonne n'auroit droit de ſe plaindre.

Il en ſeroit uſé de même pour tous les officiers actuellement au-deſſus du grade de ſous-lieutenant, les fonds de la guerre payeroient les retraites ſur le tarif ; mais la retenue du dixieme des appointemens de tous les officiers ſeroit miſe en profit auxdits fonds de la guerre.

Quant aux ſous-lieutenans , on feroit aux banquiers militaires les fonds de chacun de ces officiers , & ces fonds continueroient à s'accroître par la retenue du dixieme qui ſeroit verſé dans la banque.

Dixieme ordonnance.

Portant ſuppreſſion des doubles emplois militaires ; laiffant à chaque officier le choix de celui qu'il defirera conferver.

Le gouverneur ou commandant de province, pouvant cependant être employé aux commandemens des armées, des divifions & aux inftructions des troupes. Tout maréchal-de-camp ne pouvant conferver un régiment.

Les brigadiers abandonnant auffi leur régiment pour être toujours employés, ainfi qu'il fera indiqué dans l'ordonnance concernant les officiers généraux.

Onzieme ordonnance.

Déterminant le nombre des maréchaux de France à douze.

Celui des lieutenans-généraux infpecteurs en activité à vingt-deux, favoir : quinze pour l'infanterie, cinq pour les cuiraffiers & dragons, un pour les huffards, un pour les bataillons de garnifon.

Celui des maréchaux-de-camp infpecteurs à cinquante-quatre, favoir : trente pour l'infanterie, dix pour les cuiraffiers, dragons & huffards, deux pour les bataillons de garnifon, & douze furnuméraires.

Celui des brigadiers à quatre-vingt-fix. Chaque lieutenant-général en auroit deux pour aides-de-camp, & chaque maréchal-de-camp en auroit un.

Chaque infpecteur, lieutenant-général, auroit d'appointemens. . . . . 24,000.

Chaque infpecteur, maréchal-de camp. . . . . 18,000.

Chaque maréchal-de-camp furnumé-
raire auroit de fixe. . . . . 3,000.

Et toucheroit de plus pour chaque
tournée de remplacement qu'il feroit
obligé de faire. . . . . 3750.

Chaque brigadier auroit d'appointemens. . . . . 4000.

[*Chap. XXI.*]

Douzieme ordonnance.

Habillement, équipement & armement des
troupes. Un modele de chaque partie d'habillement, équipement & armement feroit dépofé
à l'état-major de chaque régiment, pour être
confronté avec les fournitures & remplacemens
annuels. [*Voyez Chap. IX.*]

Treizieme ordonnance.

Les enfeignes d'infanterie & de cavalerie réduites à une par régiment : ces enfeignes auroient des légendes & devifes, qui rappelle-
roient les combats & les actions dans lefquels
ces régimens fe feroient diftingués. [*Chap. IX.*]

Quatorzieme ordonnance.

Tableau des quartiers affectés aux troupes
dans l'intérieur du royaume. Les quartiers une
fois établis feront permanens ; & lorfque les
régimens en fortiront pour marcher à la guerre,
fe rendre aux camps de paix, être employés
aux travaux publics, faire le fervice des garni-
M iij

fons, &c. ils laifferont toujours dans leur quar-
tier ce qui fera hors d'état de fuivre. Les pro-
vinces feront conftruire , dans les quartiers
choifis, des corps de caferne, des magafins,
des manèges & des hangars, fains & commodes, pour loger les officiers, les foldats & les
chevaux, ainfi que pour contenir les approvi-
fionnemens & les équipages néceffaires pour
entrer en campagne.

Les établiffemens livrés aux troupes ; les capitaines de chaque régiment feront comme lo-
cataires ; obligés à leur entretien ; & les provin-
ces comme propriétaires, obligées à leur répa-
ration. [*Chap. XVI.*]

Quinzieme ordonnance.

La régie de la comptabilité des régimens
ôtée aux états-major : le roi accordant à chaque
capitaine un traitement, au moyen duquel il
fera entrepreneur de fa compagnie.

Le capitaine d'infanterie recevra pour chaque
bas-officier, grenadier, chaffeur ou foldat de
fa compagnie, deux fols deux deniers par jour,
formant au complet un total de 3042 livres par
an ; traitement avec lequel il entretiendra fa
compagnie complette, & vétue fuivant les modeles envoyés. Le capitaine de cavalerie recevra
pour chaque bas-officier, cuiraffier, dragon ou
huffard de fa compagnie, fix fols fix deniers
par jour , formant au complet un total de
7605 livres par an, pour entretenir fa compagnie complette en hommes & chevaux, vétus
& équipés fuivant les modeles envoyés. Le

nombre des chevaux à remplacer tous les ans, sera fixé au dixieme : le roi pourvoiroit aux pertes de la guerre.

Les armes seroient toujours fournies *gratis* par les arsenaux de sa majesté. La durée de chacun des effets fournis par le capitaine, & à l'usage du soldat ou cavalier, seroit déterminé d'une maniere invariable ; les chefs de corps répondroient de l'exactitude de ces remplace-mens. [*Chap.* XIII.]

Seizieme ordonnance.

Le soin des revues de toute espece seroit confié aux officiers-généraux ; ce soin ne peut regarder qu'eux, parce qu'ils ont, seuls, le droit de commander & inspecter.

Les revues de dénombrement se feroient tous les trois mois.

Le commandant & le major de chaque régiment répondroient personnellement de l'exactitude du tableau des mutations.

Le jour d'une revue ne seroit jamais annoncé. [*Chap.* XXI.]

Dix-septieme ordonnance.

Dans les quartiers, la nourriture des chevaux de cavalerie seroit abandonnée aux capitaines, qui seroient obligés de s'approvisionner des denrées de premiere qualité, & de se conformer à la ration fixée par l'ordonnance. Le roi paye-roit le prix de ces rations, d'après le terme moyen de la valeur journaliere des pailles, foins & avoines.

En garnifon, dans les camps & à la guerre il feroit établi une régie militaire au compte du roi. [*Chap. XV.*]

Dix-huitieme ordonnance.

Suppreffion des commiffaires des guerres, des étapes, des convois militaires, des entrepreneurs, des fourrages, des magafins de tentes & uftenciles de guerre. [*Chap. XV. XVI. & XX.*]

Dix-neuvieme ordonnance.

Etabliffement des hôpitaux particuliers dans les quartiers de chaque régiment. Suppreffion des hôpitaux militaires, ceux des frontières feulement feroient confervés. Les régimens en garnifon pourroient feuls envoyer aux hôpitaux militaires. Nul ne pourroit obtenir une place de chirurgien-major, qu'il n'eût acquis la maîtrife dans les hôpitaux, & qu'il ne fut reçu docteur en médecine. [*Chap. XXVIII.*]

Vingtieme ordonnance.

L'hôtel-des-Invalides porté à 400 places de lieutenans, 600 places de bas-officiers, & 2000 places de foldats.

L'état-major, l'adminiftration de l'hôtel, fon entretien évalué 1,674,100.

Les eftropiés & les infirmes feulement feroient reçus à l'hôtel; dans le cas où ils prefereroient cet afile à la penfion de retraite.

Si le nombre des places à l'hôtel n'eft pas

fuffifant pour pourvoir aux accidens de la guerre, il fera créé de plus 500 places d'invalides attachées aux hôpitaux militaires du royaume. Ces 500 places font évaluées devoir couter au roi par an 90,000 livres.

Tout bas - officier ou foldat qui auroit renouvellé trois fois fon engagement, c'eft-à-dire, qui auroit fervi 32 années fans interruption, fût-il fans bleffure & fans infirmité, auroit de droit la penfion de retraite, déterminée à 15 fols par jour pour le bas - officier, & 10 fols par jour pour le foldat, cuiraffier, dragon ou huffard.

La penfion de 800 bas-officiers couteroit par an 216,000 liv., la penfion de trois mille foldats couteroit 540,000 livres.

Le total des fonds néceffaires à la retraite de 400 lieutenans, 1400 bas-officiers, de 5500 foldats feroit donc de 2,520,100 livres. [*Chap. XXV.*]

Vingt-unieme ordonnance.

Les divifions de l'armée feroient compofées de huit régimens d'une feule arme ou de plufieurs armes combinées. Elles feroient partagées en deux fubdivifions de 4 régimens, chacune commandée par un maréchal-de-camp, & toutes deux aux ordres d'un lieutenant-général.

Le nombre des officiers-généraux employés doit cadrer avec cet ordre fimple & uniforme.

Les officiers-généraux infpecteurs ne feroient particuliérement attachés aux divifions, qu'au moment où on les raffembleroit.

Le général choisi par le roi pour commander une armée, auroit le droit de choisir ses chefs de divisions sur la totalité des inspecteurs.

La moitié de l'armée en infanterie, cavalerie & artillerie camperoit tous les ans.

Ces rassemblemens de troupe en un ou plusieurs points, couteroient, tous frais compris, pour la moitié de l'armée 525, 474 livres. [*Chap. XXII.*]

Vingt-deuxieme ordonnance.

Suppression totale de l'administration actuelle & des bureaux de la guerre.

Etablissement d'un conseil ou tribunal pour régir le département de la guerre ; ce conseil seroit composé de six lieutenans-généraux, (dont un président entreroit au conseil du roi) de deux maréchaux-de-camp, d'un conseiller d'état intendant des armées, de six chefs de départemens, & d'un secrétaire du conseil.

Le premier département, ou bureau, seroit celui de l'infanterie, des bataillons de garnison, des bataillons provinciaux, des gardes-côtes & maréchaussées, ayant pour chef un officier supérieur tiré du corps de l'infanterie.

Le second département, celui des troupes à cheval, ayant pour chef un officier supérieur tiré du corps des troupes à cheval.

Le troisieme département celui de l'artillerie, des arsenaux, fonderies, salpêtreries, &c. ayant pour chef un officier supérieur tiré du corps de l'artillerie.

Le quatrieme département, celui du corps

du génie, des fortifications, des places, ports, galerie des reliefs, &c. ayant pour chef un officier supérieur tiré du corps du génie.

Le cinquieme département, celui des finances pour la recette, la dépense & les économies de tous les départemens ; ayant pour chef un homme de finance avec brevet de conseiller d'état.

Le sixieme département celui de la police, discipline, procès, conseils de guerre, passeports, sauf-conduits, &c. ayant pour chef un homme de loi, avec brevet de conseiller d'état.

Chacun de ces chefs auroit sous lui, un secrétaire de département choisi dans les quartiers-maitres de l'armée, excepté dans le cinquieme & sixieme département, dans lesquels ce secrétaire feroit un homme de finance & un homme de loi.

	liv.
Le président du conseil auroit d'appointemens	60,000.
Les cinq autres lieutenans-généraux, les deux maréchaux-de-camp, l'intendant d'armée & les six chefs de département, chacun.	24,000.
Le secrétaire du conseil y compris ses frais de bureaux.	12,000.
Les six secrétaires de départemens chargés de leurs frais de bureaux, chacun.	16,000
Cette nouvelle administration couteroit donc.	504,000 l.

Le secretaire d'état, & sa nombreuse cohorte d'écrivains, coutent bien davantage, soit par les appointemens dont ils jouïffent, foit par les penfions de retraite qu'ils obtiennent [*Ch. XXI.*]

Vingt-troifieme ordonnance.

Sur la forme des redditions de compte des infpecteurs, officiers-généraux, & officiers-fupérieurs des régimens au confeil de la guerre.

Le confeil de la guerre auroit toute l'année deux de fes membres occupés à faire des revues générales. Il feroit accordé à chacun de ces deux *vifiteurs*, douze mille livres de traitement extraordinaire pour cet objet.

Vingt-quatrieme ordonnance.

Sur la difcipline intérieure des régimens. Devoirs du chef de chambrée. Devoirs des fergens, du maréchal-des-logis, du fous-lieutenant, du lieutenant, du capitaine, du chef de bataillon, du chef d'efcadron. Devoirs des adjudans, du major, du lieutenant-colonel, du colonel.

Vingt-cinquieme ordonnance.

Du fervice des troupes dans les quartiers, dans les garnifons, dans les camps.

Vingt-fixieme ordonnance.

Sur l'avancement des officiers, bas-officiers, foldats. Nomination aux emplois; des récompenfes & des punitions. [*Chap. XVIII.*]

Vingt-septieme ordonnance.

Code général fur les crimes & délits. Fautes pour lefquelles les officiers, bas-officiers & foldats feroient mis au confeil de guerre. Forme de l'inftruction des procès.

Les crimes & délits des gens de guerre envers les bourgeois, feroient jugés par les tribunaux de la juftice civile.

Si un foldat ou bas-officier eft mis au confeil de guerre, il pourra choifir un confeil ou défenfeur dans les officiers de fon régiment.

Si un officier eft mis au confeil de guerre, la moitié de fes juges feront choifis parmi fes pairs, c'eft-à-dire, parmi les officiers du même grade que lui.

Tout confeil de guerre fera toujours tenu publiquement. Les pieces du procès & le jugement feront auffi rendus publics.

Toutes les fois qu'un officier, mis au confeil de guerre, fera condamné à une peine infamante, il aura le droit d'appeler du jugement au tribunal des maréchaux de France.

Vingt-huitieme ordonnance.

Suppreffion du corps de la gendarmerie. Ce corps rétabli fur un nouveau pied ; le gendarme obligé à faire des preuves de quatre degrés de nobleffe ; vingt-cinq cadets gentils-hommes attachés à chacune des 24 compagnies de gendarmes ; tous les officiers feroient dorénavant obligés de paffer par cette école.

Etabliffement d'une école générale de cavalerie à Luneville.

Vingt-neuvieme ordonnance.

Etabliſſement d'une capitation militaire, payée par tous les gentils - hommes qui ne ſerviroient pas quinze années conſécutives.

Trentieme ordonnance.

Suppreſſion des gendarmes de la garde, des chevaux légers; le régiment du roi infanterie aſſimilé aux autres régimens de ligne; le corps des carabiniers aſſimilé aux autres régimens de cuiraſſiers. Les quatre compagnies des gardes du corps, réduites à 100 gardes, faiſant preuve de quatre degrés de nobleſſe; chaque régiment de dragons & d'huſſards, faiſant à tour de rolle trois mois de ſervice auprès du roi.

Trente-unieme ordonnance.

Pour regler l'exercice, les évolutions & la tactique de l'infanterie.

Inſtruction de Meſſieurs les officiers, & leurs devoirs relativement à l'inſtruction de leurs troupes.

Détails ſur l'inſtruction du recrue.

Théorie des mouvemens individuels du ſoldat dans le rang.

Formation & aſſemblée d'un régiment d'infanterie.

Evolutions, marches & manœuvres.

Ordre de marche & de charge.

Ordre de ſtation & de feu.

Moyen de paſſer alternativement de l'un à l'autre de ces deux ordres.

Reglement pour le travail de chaque régiment d'infanterie. Tems qui doit être employé aux exercices.

Trente-deuxieme ordonnance.

Pour régler l'exercice, les évolutions & la tactique des troupes à cheval.

Inftruction de Meffieurs les officiers, & leurs devoirs relativement à l'inftruction de leurs troupes.

Détails fur l'inftruction du recrue à pied.

Détails fur l'inftruction du recrue à cheval.

Théorie des mouvemens individuels du cavalier à pied & dans le rang.

Théorie des mouvemens individuels du cavalier à cheval dans l'efcadron.

Formation & affemblée d'un régiment à cheval. [*à pied elle doit être la même*]

Evolutions, marches & manœuvres.

Ordre de marche; des colonnes, de leur changement de direction, de leur rapprochement & de leur déployement fur toutes les données.

Des charges en ordre déployé. Des charges en colonne.

Des viteffes.

Moyens dont on doit fe fervir pour dreffer les chevaux.

Reglement pour le travail, ou, école établie dans chaque régiment à cheval. Tems employé aux différens exercices.

F I N.

A
D

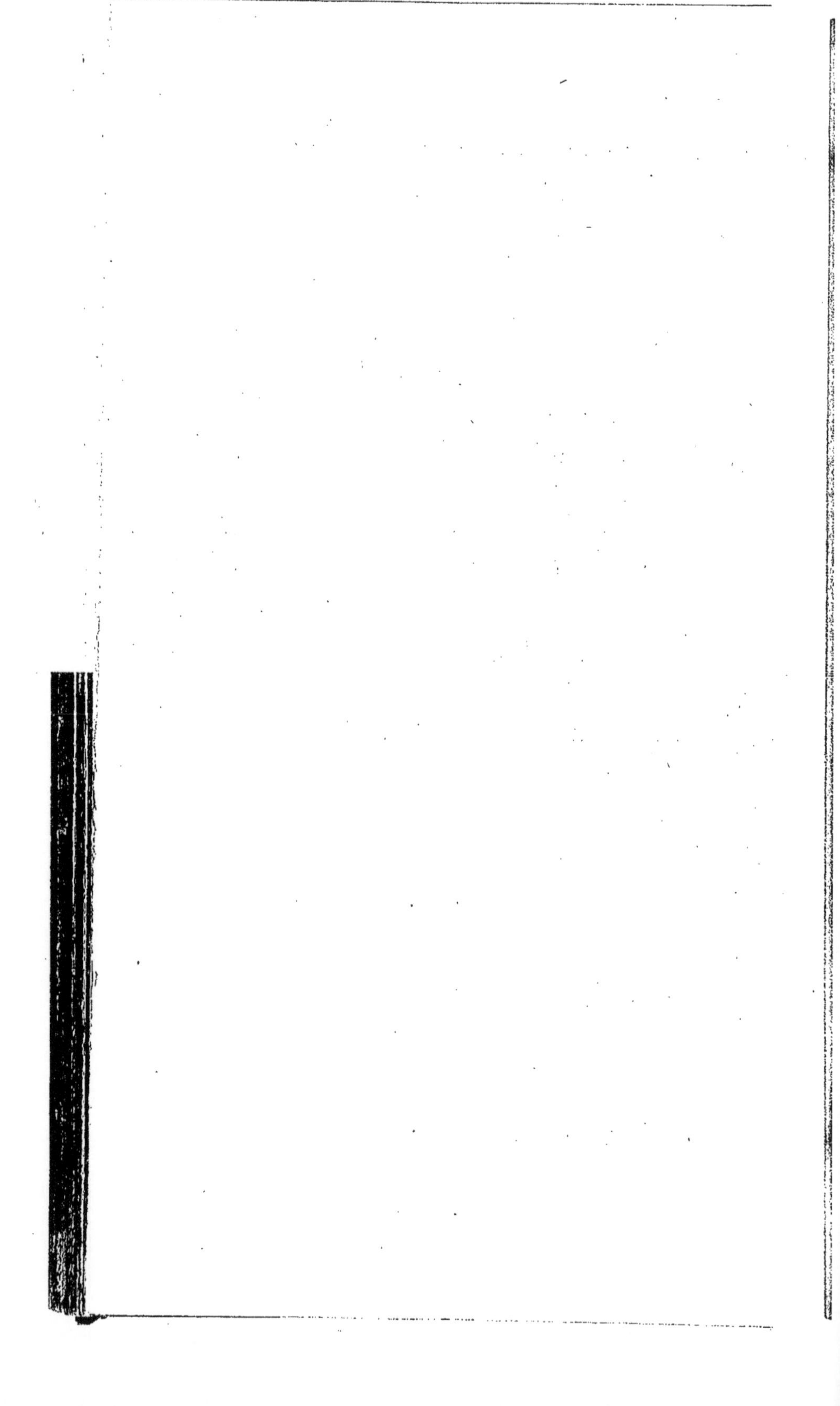

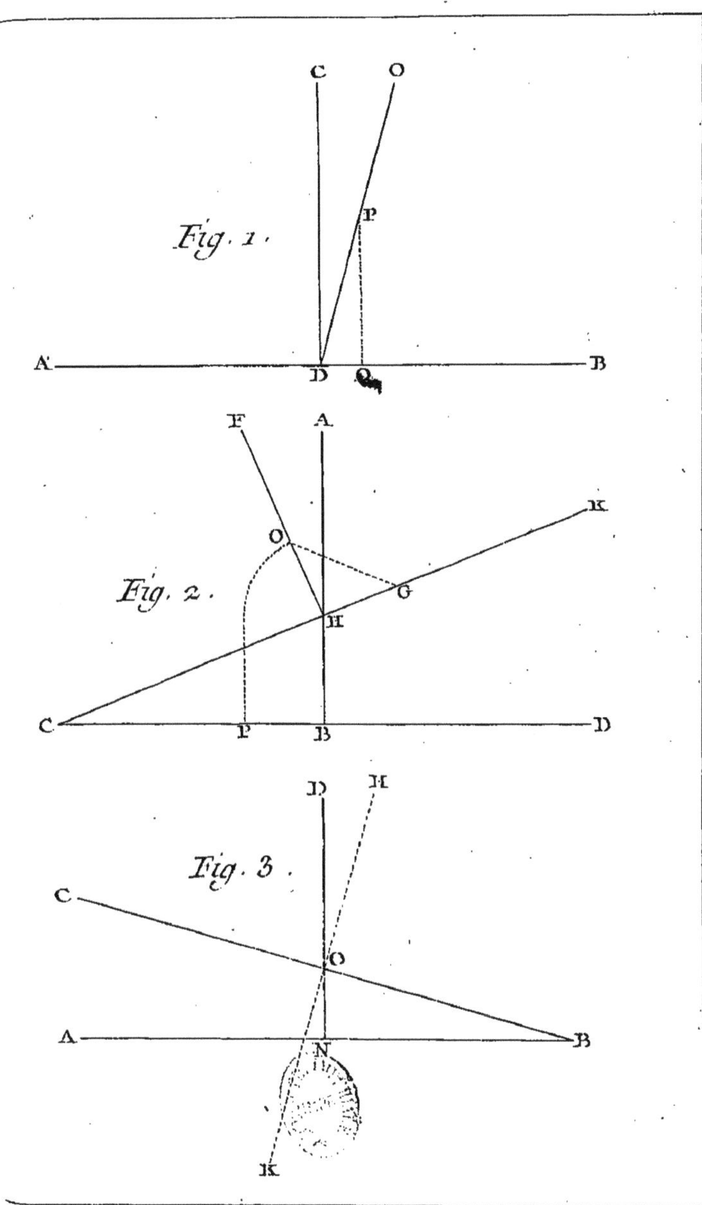
C
O
P
Fig. 1.
A
D
Q
B
F
A
K
O
G
Fig. 2.
H
C
P
B
D
D
H
Fig. 3.
C
O
A
N
B
K

partie immobile
partie mobile
P Q R

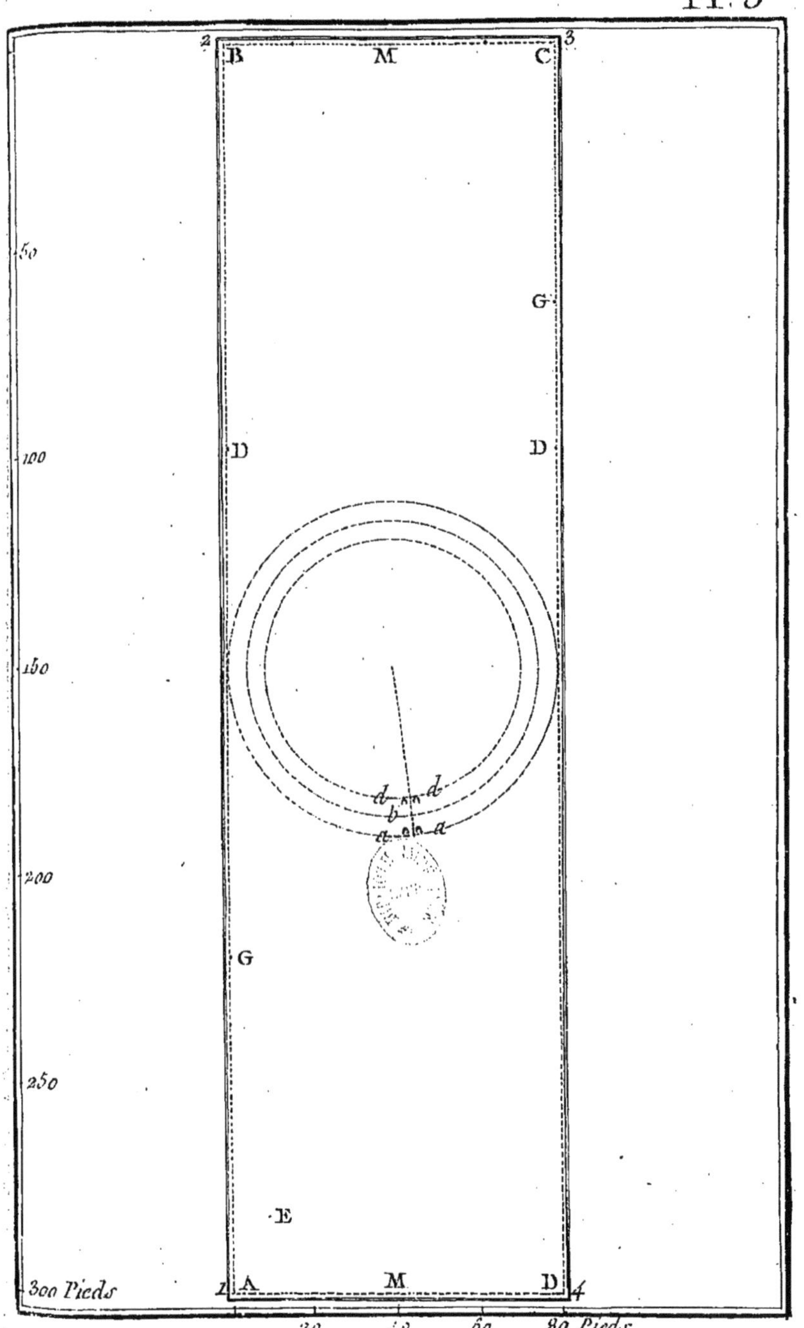
Pl. 5
2
B
M
C
3
G
D
D
d d
b
a a
G
E
1
A
M
D
4
50
100
150
200
250
300 Pieds
20
40
60
80 Pieds

Fig . 2 .
Fig . 3 .
Fig . 4 .
le Trot
Galop a'o

Fig. 5.
Fig. 6.
oite
Galop a gauche
Galop dérivé ou faux

9 782016 147962